Wolfgang Korn
Die Geheimnisse von Troja

Die Geheimnisse von Troja

Erzählt von Wolfgang Korn

Mit Bildern von Klaus Ensikat

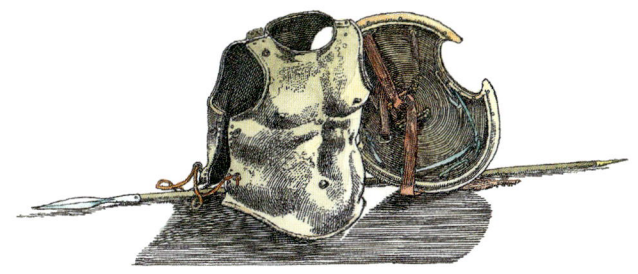

Inhalt

Das ultimative Troja-*Troia*-Truva-Hisarlik-Blog, Teil I
Warum über die Stadt Homers so verbissen gestritten wird 6

Die Zeit der Helden
Agamemnon, Priamos, Achill und Co. –
eine Geschichte von Ehre, Rachsucht und Götterlaunen 16

Das ultimative Troja-*Troia*-Truva-Hisarlik-Blog, Teil II
Ein Gang auf den Spuren von Heinrich Schliemann 58

Die Zeit der Abenteuer und Irrfahrten
**Vom listenreichen Odysseus über den Rom-Gründer Aeneas
und Europas Adel bis zum schlitzohrigen Schliemann** 70

Das ultimative Troja-*Troia*-Truva-Hisarlik-Blog, Teil III
Osman Bey war hier … 110

Die Zeit der Forschung
**Ein verwackelter Tortenhügel gibt Geheimnisse aus
3500 Jahren Geschichte preis** 120

Das ultimative Troja-*Troia*-Truva-Hisarlik-Blog, Teil IV
Eine ganz seltsame Friedlichkeit herrscht an diesem Ort 164

Warum über die Stadt Homers so verbissen gestritten wird, lest ihr nur hier und exklusiv von Ernst-Jochen Fröhlich

Grabungsgelände *Troia*/Hisarlik im Hochsommer

Hallo, liebe Troja-Freunde, Homer-Fans, selbst ernannte Achills
und angehende Odysseus-Nachfolger,

ich habe diesen Blog eingerichtet, um mich diesen ganzen Sommer exklusiv von der Grabungsstätte in der Türkei zu melden. Hier soll die größte und längste Troja-Konferenz aller Zeiten stattfinden. Zum nahen Ende der wohl letzten umfassenden Hightech-unterstützten Ausgrabung hier gibt es die endgültige Expertendebatte. Man will so lange streiten und disputieren, bis sich die klugen Köpfe einig sind.
Aber zunächst muss ich doch zweierlei loswerden. Erstens: Wundert euch nicht, wenn ich hier einmal Troja mit »j« und einmal mit »i« schreibe. Mein erfahrener Kollege Herrmann (ich werde ihn gleich noch vorstellen) riet mir, von Anfang an zwischen dem Mythos Troja und der Ausgrabungsstätte zu unterscheiden – deshalb heißt Letztere hier immer *Troia*.
Zweitens: Wenn man bedenkt, dass es sich bei *Troia* um eine der bedeutendsten Ausgrabungsstätten der Welt handelt, dann sollte man doch ein wenig mehr erwar-

ten dürfen. Das fängt schon mit der Anfahrt an. Mein Kollege Werner und ich sind doch glatt mit unserem Leihwagen – einem Geländewagen einer bekannten deutschen Nobelmarke (der Grabungsleiter fährt auch so einen) – zweimal an der kleinen Einfahrt vorbeigebraust. Wir kamen vom Flughafen Izmir, der knapp 200 km südöstlich von *Troia* liegt. Natürlich hätten wir auch nach Istanbul fliegen und von dort aus das ganze Marmarameer entlangfahren können, aber ehrlich gesagt, hatten wir Angst, gar nicht erst aus dieser 15-Millionen-Metropole herauszufinden, in ihr stecken zu bleiben oder gar auf Nimmerwiedersehen zu verschwinden …

Also fuhren wir von Izmir Richtung Çanakkale – so heißt die heutige Provinzhauptstadt der Region rund um die Dardanellen-Meerenge. Genau dort soll das sagenumwobene Troja liegen, nach dem alle Welt so verrückt ist. Und deshalb erwarteten wir hier auch irgendetwas Großes, eine komplette Autobahnabfahrt wie zum Disneyland vielleicht nicht gerade, aber wenigstens eine Leuchtreklame oder große Hotels mit den Namen »Troja-Blick« oder »Priamos-Schatz«. Da aber nichts dergleichen kam, fuhren wir weiter und weiter, bis wir in der Provinzhauptstadt Çanakkale landeten und wussten: Wir haben's verpasst! Dort aßen wir dann erst einmal an einem Straßenstand einen ordentlichen Döner – mit viel Salat (das sollte sich noch rächen!) –, und dabei blickten wir die ganze Zeit auf die Dardanellen-Meerenge, die an dieser Stelle wirklich sehr eng ist. Deshalb ist der Ort mit seinem Fährhafen ja hier entstanden. Dann gönnten wir uns noch ein Riesenstück tropfend süße Wassermelone, bevor es hieß: die gleiche Strecke zurück und Adleraugen auf!

Und da war's dann, wir konnten es kaum glauben: Nur ein kleines Schild steht dort. Jedes Kuhdorf in Deutschland hat eins, das mindestens fünfmal größer ist. »Truva« steht auch noch auf dem Such-mich-Schild, nicht »*Troia*« und schon gar nicht »Troja!« Für die Türken ist *Troia* eben Truva. Und da wir schon dabei sind: Die Wissenschaftler sprechen nur von *Troia* – so steht der Name in den griechischen und lateinischen Quellen. Das ist auch die international gebräuchliche Bezeichnung. Nur wir Deutschen sagen Troja, und die Amis, die sagen sogar Troy!

Manche Forscher hier vor Ort nennen die Stätte gar nicht Troja, Truva oder *Troia*, sondern nur Hisarlik-Hügel (so hieß der Hügel bis ins 19. Jahrhundert, bevor Abenteurer, Forscher und Entdecker wie Schliemann und Co. hier anrückten), weil ihrer Meinung nach schon durch die Benennung *Troia* Fakten geschaffen werden. Wo *Troia* draufsteht, müsse ja auch Troja drin sein. Diese Forscher sagen vielmehr: »Es gibt keine absoluten Beweise, dass hier das antike Troja liegt.« Zunächst einmal wird man nicht von Marmorsäulen, gewaltigen Mauern oder einer umwerfenden Aussicht auf die Dardanellen-Meerenge überwältigt. Was an der Zufahrtsstraße an Schildern fehlt, das wird einem dann auf dem Grabungsgelände um die Ohren oder besser: um die Augen gehauen. Ein Schilderwald erwartet den Besucher: »Dikkat!« »Dikkat!« »Dikkat!«, was übersetzt heißt: »Achtung!« »Achtung!« »Achtung!« Zusätzlich gibt es Schilder in anderen Sprachen: »Please don't leave the way!« »Wir bitten Sie, die Mauern nicht zu betreten!« »Vorsicht! Ausgrabungen!«

Wir ließen uns aber nicht abschrecken und gingen kurz über das Gelände. Ja, kurz, denn es dauert nicht lange – die gesamte Ausgrabungsstätte ist nämlich im Gegensatz zum ganzen Streit um Troja ziemlich überschaubar.

Wir betraten die Anlage gemeinsam mit einer Reisegruppe, die gerade mit ihrem Bus angekommen war. Sie hatte die Tour »Vier Tage Highlights der Ägäisküste« gebucht. Der Programmpunkt *Troia* wird auf der Fahrt von Istanbul in den Süden in einer knappen Stunde abgehandelt, inklusive einer Postkartenpause nach der Besichtigung des hölzernen Pferdes. Schließlich ist das nachgebaute Pferd für viele das eigentliche Wahrzeichen von Troja, und es ist auch das Erste, was einem neben den Schildern hier ins Auge sticht.

Im Eiltempo wurden wir über das Gelände gejagt, auf dem sich neun historische Siedlungsschichten (*Troia* I bis IX) aus 3500 Jahren übereinanderstapeln oder sich gegenseitig durchdringen. Leider sieht man davon nicht so viel, wenn man drüberläuft. So gehen die Festungsmauer von *Troia* VI und die benachbarten Gebäudereste aus *Troia* IV für uns ungeübte Betrachter nahtlos über in den sogenannten Schliemann-Graben mit *Troia*-I-Steinresten. Der Graben wird von den Forschern in eine Richtung weitergezogen. Seine Lehmwände, die wie Nougatschichten aussehen, tragen kleine Schilder: *Troia* III, *Troia* IV, *Troia* VI …

Immerhin konnte eine frühbronzezeitliche Steinrampe (*Troia* II) ganz ausgegraben werden, und vom griechisch-römischen Heiligtum stehen noch etliche Mauersockel und riesige in den Boden eingelassene Gefäße.

Moment mal – war das jetzt *Troia* IX, oder war es *Troia* VI? Mir schwirrte zuletzt der Kopf. Was war jetzt eigentlich was? Bei diesem Durcheinander fragt man sich, ob das nicht eher von einem riesigen Erdbeben statt von einem Krieg herrührt. Das Kolosseum und das Forum Romanum in Rom sind jedenfalls um einiges imponierender … Ja gut, das hier ist eben der berühmteste Schutthaufen der Weltgeschichte.

Die Mitglieder der Reisegruppe zerbrachen sich über solche Feinheiten jedoch nicht den Kopf. Während ich noch grübelte, schossen sie schnell ein Foto vom hölzernen Pferd, und schon saßen sie wieder im Bus mit einem Eis oder einer Cola-Dose in der Hand, denn sie wollten am gleichen Tag noch den Tempel von Assos und den Burgberg von Pergamon abhaken, wie mir ein Teilnehmer wichtigtuerisch verriet.

Wir blieben dagegen auf dem Vorplatz des Grabungsgeländes zurück. Auch der ist überschaubar: Es gibt einen Schotterparkplatz, das Kassenhäuschen der Ausgrabungsstätte, ein Café-Restaurant und schräg gegenüber ein Café-Restaurant-Hotel, etwas großspurig Hotel »Hisarlik« genannt; dessen Betreiber Mustafa Ascim hatte uns übrigens über das Grabungsgelände geführt. In seinem Hotel haben wir auch unser Zimmer für sechs Nächte gebucht. Es war gar nicht so einfach, einzuchecken und einen Zimmerschlüssel zu ergattern, denn zur gleichen Zeit wie wir trafen viele Archäologen, Wissenschaftler anderer Disziplinen und Journalisten hier ein. Zum Glück werden einige bald wieder verschwinden, weil sie etwas abseits untergebracht sind – in einem Luxushotel direkt an der Meerenge.

Aber ihre erste Anlaufstelle war »unser« Hisarlik-Hotel. Und so saßen die sensationslüsternen Medienvertreter (wie meine Wenigkeit) und die kluge Gelehrten-Gemeinschaft dicht gedrängt um die Tische des Cafés.

Einige der Wissenschaftler steckten noch in ihren Anzügen, andere hatten sie bereits gegen T-Shirt und Shorts getauscht. Und dazwischen hockten ein paar Exoten in khakifarbenen Tropen-Uniformen. Eine alte Dame trug sogar einen Tropenhelm dazu.

Einige tranken noch einen Çay (so heißt der starke türkische Tee), während andere schon auf das einheimische, nach einer berühmten Ausgrabungsstätte benannte Bier umgestiegen waren.

Und worüber redet man hier? Über die mühsame Anfahrt, die Hitze, und

dann sind sie auch schon bei ihrem Leib- und Magen-Thema: Troja! Troja! Troja!
»Hat es denn den Trojanischen Krieg nun wirklich gegeben oder nicht?«, fragte einer der Journalisten.
»Nicht nur einen. Aber war das spätbronzezeitliche *Troia* so groß, wie der Ausgräber behauptet?«, konterte ein Anzugträger. »Da sollten Sie einmal nachhaken.«
»Lag *Troia* nicht doch woanders?«, sinnierte ein Mann, der noch nicht zu den Graubärten gehörte. »Ich bin da auf einen netten Burgberg im Südosten Anatoliens gestoßen, der passt viel besser auf die Beschreibung von Homer.«
»War Troja denn nicht vielleicht sogar das sagenumwobene Atlantis?«, mischte sich gleich wieder ein Journalist ein.
Und dann ging es Schlag auf Schlag weiter: »Liegt der Schatz des Priamos wirklich in Moskau?« »Wer bekommt denn jetzt das Gold aus *Troia*?«
»Halt, die Geschichte über den Trojanischen Krieg wird ja völlig falsch erzählt«, rief plötzlich ein selbst ernannter Experte.
»Nein, ich sage halt!«, fuhr sein Tischnachbar dazwischen. »Die Geschichte von Schliemann ist noch viel falscher!«
»Aha«, fasste ein Vorwitziger zusammen, »wir haben es hier also mit einem Märchen über ein Märchen zu tun!«
Mein Gott oder besser: bei Zeus, mehr Meinungen als Menschen! Ich hatte den Eindruck, die redeten alle gar nicht von derselben Sache.
Nach dem vierten oder fünften Glas Bier, das überwiegend aus Reis gebraut wird und ganz leicht schmeckt, formulierte einer der Kollegen am Tisch schon den Einstieg für seine Reportage: »Der Kampf um Troja geht weiter!«
»Ja«, sagte ein alter Kollege, der in Tropenkleidung und mit einer Pfeife im Mund neben mir saß: Herrmann. Anfangs fand ich das ziemlich albern, aber es stellte sich heraus, dass er wohl schon öfter hier gewesen war und eine Menge über die ganze Geschichte zu wissen schien. »Wohl wahr! Was ist schon *World of Warcraft*? Um Troja wird seit über 3000 Jahren gekämpft, und der Kampf um Troja geht weiter! Das soll wohl originell sein?! Habe ich schon vor fünf Jahren geschrieben. Fast jeder Journalist kommt auf diese Überschrift! Ja, der Kampf um Troja geht weiter! Darunter machen wir Journalisten es nicht. Wir sollten einmal fragen, wie viel wir zu diesem Kampf beitragen mit unserer ständigen Sensationslust. Der Kampf um Troja muss weitergehen!«
Der angesprochene Kollege schaute völlig wutentbrannt zu uns rüber.
»Siehst du«, sprach mein Nachbar leise nur zu mir, »schon habe ich mir einen

Feind gemacht. Keine Angst, ich werde dem Kollegen morgen die Chance geben, zurückzuschlagen, und mich dann mit ihm versöhnen. Ich weiß nicht, vielleicht ist es wirklich dieser mythische Ort, der zum Streit verlockt.«

Ich fragte ihn: »Worum geht es denn jetzt wirklich? Was sind die Geheimnisse von Troja – Ruhm, Gold, Abenteuer, Macht?«

Er antwortete mit einer Gegenfrage: »Was weißt du eigentlich von der *Ilias* und dem Trojanischen Krieg?«

»Na ja, ich habe natürlich im Internet über Troja recherchiert. Vom Mythos weiß ich: Zehn Jahre belagerten Odysseus und seine Kampfgefährten das mächtige Troja, bevor es durch eine List fiel. Aber das kennt so ziemlich jeder, spätestens seit dem Troja-Film von Wolfgang Petersen mit Brad Pitt als Achill!«

»Wenn du hinter die Geheimnisse von Troja kommen willst, dann musst du dich auf drei Reisen machen: Erstens mit Hilfe der *Ilias* die Zeit der Helden erkunden, zweitens die vielen Wiederentdeckungen Trojas seit der Antike durch Abenteurer kennen und drittens dich genauestens mit der Erforschung der Troas beschäftigen.«

Er machte eine Pause und deutete auf die heftig diskutierenden Menschen um uns: »Alles wiederholt sich nämlich nach dem gleichen Muster. Schau dir doch einmal diese Forscher hier an. Es ist, als ob die antiken Helden wieder auferstanden wären. Nur dieses Mal sind sie nicht mit Lanze, Schwert und Schild bewaffnet, sondern ausgerüstet mit Gelehrtenbrillen, Karten und Thesenpapieren. Damit fordern sie die anderen heraus: Gruppe gegen Gruppe oder auch einer gegen alle. Und dann gibt es wieder die ganz klassischen Zweikämpfe: Achill gegen Hektor oder Paris gegen Menelaos.«

Bis zu diesem Zeitpunkt zeichnete ich mich vor allem durch besonders hartnäckiges Schweigen aus, doch diese Rolle gefiel mir auf Dauer nicht. Dann kam mir eine – wie ich zumindest meinte – kluge Frage in den Sinn: »Wenn die Forscher hier die *Ilias* nachspielen, wo bleibt denn dann das Trojanische Pferd?«

»Junger Mann, Sie haben wohl die *Ilias* nie wirklich ganz gelesen? *Ilias* – da sagen die meisten: ›Ach ja, der Trojanische Krieg, das hölzerne Pferd.‹ Das zeigt aber nur, dass sie die *Ilias* nicht gelesen haben, denn die wichtigsten Ereignisse – die Überlistung der Trojaner mit Hilfe des hölzernen Pferdes und die Zerstörung der Stadt –, die stehen nicht in der *Ilias*. Die *Ilias* kommt gar nicht bis zum Ende des Krieges. Es gibt nur Andeutungen über den nahen Untergang. Die List mit dem Pferd wird nur in der *Odyssee* erwähnt – wohlgemerkt nur *erwähnt*, auch da nicht im Detail erzählt.«

Oh Mann, ich trank noch mein Bier aus und begab mich in mein Zimmer. Ob ich mich jemals wieder unter die Forscher und Journalisten trauen würde? »Am besten reise ich morgen still und heimlich ab«, dachte ich bei mir. Außerdem war mir etwas übel …

Ich habe die schlimmste Nacht meines Lebens hinter mir. Gut, vielleicht die zweitschlimmste. Aber die Nummer eins passt nicht hierher … Die ganze Nacht bin ich zum Klo gerannt. Hier haben die Zimmer natürlich kein eigenes Bad. Die Örtlichkeiten befinden sich auf dem Gang und werden von allen zehn Zimmern genutzt.
Eine schöne Bescherung: Dönerfleisch, Salat, das Bier und die Wassermelone – nichts ist in meinem Magen geblieben … aber am frühen Morgen schlief ich dann doch ein.
Heute Vormittag war ich noch zu kraftlos, um herumzulaufen, aber danach fing ich an, mich zu langweilen.
Da es hier keinen mobilen Internetempfang gibt, schleppte ich mich runter zum Café-Tresen, wo mich der Besitzer besorgt fragte, was mir fehlen würde. Als ich ihm mein Dilemma erzählte, schüttelte er den Kopf und hob den Zeigefinger: »Hat dich denn niemand davor gewarnt, hier Salate oder angeschnittenes Obst zu essen?«
Aber ein Döner ohne Salat, Tomaten und Zwiebeln? Und sollte ich tatsächlich ein saftig-rotes Stück Wassermelone ablehnen?
Ich erklärte ihm meine Wünsche, und er brachte mir eine große Flasche Wasser, zwei Tabletten und drei Bücher in deutscher Sprache: die *Ilias* und zwei neuere Bücher über den Trojanischen Krieg, die die Autoren hier mit persönlicher Widmung hinterlassen haben.
Und nun mache ich es mir in meinem Bett gemütlich und habe dabei noch die Stimme meines älteren Kollegen im Ohr: »Wenn du hinter die Geheimnisse kommen willst, dann unterscheide stets zwischen der Stadt des Dichters Homer, Troja, und der Ausgrabungsstätte hier, *Troia*/Hisarlik!«
So werde ich es beibehalten, und je tiefer ich in die Lektüre einsteige, umso klarer wird mir auch: Als unanfechtbare Grundlage aller Streitereien gilt allen die älteste Dichtung des Abendlandes. Sie entführt uns – wenn ich den alten Kollegen richtig verstanden habe – in die weit entfernte »Zeit der Helden«.

Die Zeit der Helden

Agamemnon, Priamos, Achill und Co. –
eine Geschichte von Ehre, Rachsucht und Götterlaunen

Totaler Lagerkoller!
Seit über acht Jahren hängen sie hier am Strand der Troas fest.
Über 3000 Mal ist die Sonne Erfolg versprechend über ihrem Lager aufgegangen, und dann wurde es doch nur ein Tag des vergeblichen Kampfes.
Oder noch schlimmer: ein Tag des endlosen Wartens.
Und 3000 Mal ist die Sonne über ihrem verfluchten Lager untergegangen und hat die Männer mit ihrer Schmach allein gelassen.
Über 3000 Tage und 3000 Nächte hocken sie nun schon zusammen. Es gibt nichts zu tun außer gelegentlichen Kampfhandlungen und Beutezügen in die Umgebung, denn das riesige Heer braucht eine riesige Menge an Nahrung und eine noch größere Menge an Beute, Ehre und Ruhm.
Was ist schlimmer: der Sommer oder der Winter?
Den ganzen Sommer hindurch ist es stickig heiß. Die Helden schwitzen in ihren Rüstungen und Lederbekleidungen.
Schlimmer aber noch ist der Winter. Es wird nicht richtig kalt, dafür feucht und ungemütlich. Tagelang regnet es, dazu weht ständig der Wind.
Und dann die vielen Krankheiten, bedingt durch die sich ausbreitenden Sümpfe. Mal haben die Männer Durchfall, dann wieder Erkältungen, und immer mehr von ihnen werden von der Schlafkrankheit, der Malaria, heimgesucht.

Mit der Hygiene haben es die Männer nicht so genau genommen, denn eigentlich wollten sie ja nur kurz hierbleiben. So türmt sich an den Rändern des Lagers mittlerweile der faulende Müll. Gar nicht daran zu denken, wie viele Gruben voller Fäkalien in der Nähe des Lagers vor sich hin stinken.

Langeweile pur!
Viele der Kämpfer kommen von der Peloponnes und den angrenzenden Inseln. Sie könnten sich ein wenig die Landschaft anschauen und erkunden, ob es hier auf der Troas anders aussieht als in der Heimat. Aber für die Landschaft, für die Natur interessieren sich die Männer nicht.
Man könnte seine Waffen putzen, aber dafür haben Helden wie Achill oder Odysseus natürlich ihre Gehilfen.
Man könnte ein wenig trainieren: Speere werfen, mit Pfeil und Bogen und den Nahkampf mit dem Schwert üben. Allerdings darf man sich dabei nicht zu sehr verausgaben, denn jeden Moment kann die Schlacht wieder losgehen. Außerdem sind die Kämpfer – wie uns der aus dem südlich von Troja gelegenen Smyrna stammende Dichter Homer schildert – wenig diszipliniert. Sie trainieren kaum und beteiligen sich nicht einmal regelmäßig an den Kämpfen.
Man könnte würfeln und seinen Anteil an der möglichen Beute schon vor dem Sieg verspielen, was sicherlich viele der Krieger schon getan haben.
Man könnte sich Geschichten erzählen, aber nach 3000 langen Abenden am Strand der Troas hat jeder von jedem jeden Schicksalsschlag und jede Anekdote mindestens schon zehnmal gehört. Und bei Scherzen und Anekdoten muss man vorsichtig sein – die Griechen sind da nicht sehr tolerant. Wenn einer sich in seiner Ehre gekränkt fühlt, dann greift er zur Waffe. Das ist keine Schande, sondern zeigt seine Tapfer-

keit. Und deshalb sind sie ja schließlich auch hier, nämlich um die Ehre eines ihrer Männer wiederherzustellen.

Selbst zu den Plünderungsfahrten im Umland hat keiner mehr Lust. Nach acht harten Jahren ist eh schon alles weggeräumt. Und schuld an alledem ist vor allem Achill.

Der wütet scheinbar unverwundbar unter den Trojanern und ihren Verbündeten. Doch er wird sterben, weil er eben nur ein Halbgott ist. Er wird Ruhm ernten – und dann sterben.

Vielleicht ist es diese Gewissheit, die ihn so unausstehlich macht. Die Menschen können hoffen, alt und grau zu werden, viele Kinder zu bekommen und friedlich in ihrem Bett zu sterben, doch das kann Achill nicht. Immerhin hat seine Mutter versucht, ihn vor seinem Schicksal zu bewahren. Sie sorgte dafür, dass er eine Rüstung bekam, die auf dem Olymp geschmiedet wurde. Und sie tauchte ihn in den Unterweltfluss Styx, der ihn unverwundbar machte. Allerdings übersah sie dabei eine kleine Stelle, nämlich die, an der sie ihn festhielt: die Ferse.

Achill eroberte nach und nach die Städte, die mit Troja verbündet waren. Dutzende soll er schon geplündert, Schätze und Frauen entführt haben – darunter Briseis und Chryseis, beide hübsch und aus gutem Hause.

Außerdem verwüstet er systematisch die Umgebung von Troja, die Troas, bis ins Idagebirge hinein, wo er Getreide und Vieh stehlen lässt, denn irgendwo müssen die Belagerer ja schließlich ihre Lebensmittel hernehmen. In der unmittelbaren Umgebung von Troja gibt es nichts mehr dergleichen, weil sie dort schon alles bis auf das letzte Getreidekorn geraubt haben.

Totaler Lagerkoller!
Hier sind sie auf engem Raum zusammengepfercht, kein Wunder, dass sie immer öfter übereinander herfallen. Die Kämpfer entwickeln ihre Marotten, werden unge-

> **Achill – Halbgott und Dampframme der Griechen**
> »Achill« ist der eingedeutschte Name für den Helden, der im Griechischen »Achilleus« und im Lateinischen »Achilles« heißt. Er ist sozusagen der »Terminator« der griechischen Angreifer, denn aus zwei Gründen kann er so gut wie nicht vernichtet werden: Er ist ein Halbgott (der Sohn der Göttin Thetis und des Helden Peleus) und seine Rüstung und Waffen hat er von den Göttern erhalten. Achill führt nicht nur ein Schiffskontingent von 50 Schiffen an, sondern auch die Eliteeinheit der Myrmidonen (so wird in der griechischen Sagenwelt ein thessalischer Volksstamm genannt) - eine Art Eingreiftrupp.
> Er ist viel stärker und grausamer im Kampf als seine Kameraden, dabei hat er ansonsten eigentlich eher einen sanften Charakter. Er kommt auch am häufigsten und am längsten in der Geschichte vor, von der wir auf den nachfolgenden Seiten erfahren.

nießbar. Agamemnon muss ein hartes Regiment führen, sonst bringen sich seine Leute bald gegenseitig um, statt die trojanischen Feinde zu töten.

Agamemnon ist der Boss des ganzen Unternehmens. Er hat allen versprochen: Wir segeln nach Troja, erobern die Stadt nach kurzer Belagerung, machen reichlich Beute und befreien Helena. Und schwups – ehe ihr euch verseht, sind wir wieder zu Hause und ernten zeitlosen Ruhm für diese Tat. (So werden übrigens bis heute Kriege schmackhaft gemacht, wie beispielsweise diejenigen im Irak und in Afghanistan. Nur geht es dabei nicht um eine schöne Frau, sondern um die »Freiheit«.)

Doch nun ist die Moral im Eimer! Streitereien brechen wegen Kleinigkeiten aus. Am besten zeigt man Stärke bei einem Starken, denn die Schwachen orientieren sich an den Starken. Besser als 100 kleine Betrüger zu bestrafen, ist es, einen der Helden zur Ordnung zu rufen. Dann reißen sich die Schwächeren von allein am Riemen.

Also wird sich Agamemnon seinen stärksten Widersacher greifen: den frechen Achill. Ein Grund dafür findet sich schnell.

Warum warten sie hier eigentlich? Ja, das werden sich die meisten Kämpfer fragen. Erst hin und wieder einmal, doch dann, nachdem sie schon mehrere Jahre dort warten, werden sie sich immer öfter fragen: Warum sind wir eigentlich hier?

Die einfachen Krieger sind natürlich da, weil sie ihren Herren folgen müssen, ob ihnen das nun passt oder nicht. Aber die Stammesführer, Häuptlinge, Fürsten – warum bleiben sie dort?

Die Helden wollen eigentlich keine Helden sein. Jeder von ihnen regiert ein Reich, weshalb sie auch nicht voller Freude zu den Waffen griffen, als Agamemnon kam, um ihre Gefolgschaft zu verlangen. Keineswegs …

Odysseus war frisch mit Penelope verheiratet und ihnen war gerade ihr Sohn Telemachos geboren worden. Natürlich wollte Odysseus nicht weg und gab deshalb vor, verrückt geworden zu sein. Er spannte einen Esel und einen Ochsen vor seinen Pflug und streute anschließend in die entstandene Erdfurche Salz, das den Boden unfruchtbar macht. Doch die anderen Fürsten glaubten ihm nicht und stellten ihm eine Falle: Sie legten seinen kleinen Sohn vor den Pflug. Wäre Odysseus tatsächlich verrückt gewesen, hätte er ihn zerrissen. Stattdessen stoppte er den Pflug, und seine List wurde entlarvt.

Und Achill erst – aber dazu kommen wir gleich noch.

Wozu das alles?

Acht Jahre belagern Odysseus und seine Kampfgefährten Achill, Agamemnon und Ajax nun schon das mächtige Troja, und sie glauben ganz einfach nicht mehr daran, dass es irgendwann fallen wird, denn Troja hat eine gewaltige Stadtmauer und eine noch gewaltigere Burg. Es gibt genug Wasservorräte – zwei Bäche. Und Troja verfügt über ein riesiges Hinterland, aus dem immer wieder Verbündete auftauchen.

War es wirklich nur ein Gleichgewicht der Kräfte zwischen Griechen und Trojanern? Oder steckte mehr dahinter?

Eine der spärlichen Abwechslungen waren Frauen. Es gibt natürlich nur wenige in diesem Männerlager: vor allem Frauen, die die Krieger auf Raubzügen erbeutet haben und die sie im Lager als Gefangene oder Geiseln halten. Eine davon, Briseis, hat sich Achill zur Geliebten genommen – unrechtmäßig, ohne Agamemnon zu fragen. Achill lässt sowieso keine Zweifel darüber aufkommen, was er von Agamemnon hält: Er ist eine Fehlbesetzung. Der beste Beweis: Seit über acht Jahren sitzen sie hier nun schon fest, und als ob das nicht ohnehin schon reichen würde, verbreitet sich auch noch eine Seuche im Lager: die Pest. Immer mehr Männer erkranken, und die Gefahr wächst, dass das ganze Heer hinweggerafft wird. Nichts hilft – weder die Kräuter, die die Heiler den Kranken geben, noch die Opfer, die die Griechen ihren Göttern darbringen. Für uns heute ist klar: Die mangelnde Hygiene begünstigte die Ausbreitung einer Seuche. Die Menschen in der Antike aber dachten ganz anders darüber. Für sie war es ein Götterurteil.

Es ist vielleicht gut, das gleich von Anfang an zu wissen: In dieser Welt der Helden geschieht nichts Wichtiges, das nicht von den Göttern bestimmt wird. Das wissen die Griechen natürlich, und deshalb wenden sie sich in ihrer Not auch an den Seher Kalchas.

»Die Götter zürnen uns«, antwortet der. »Der Gott Apollon schießt Pestpfeile auf uns Griechen herab.«

Und warum sind die Götter so verärgert? Auch darauf weiß der Seher eine Antwort: Apollon hat einen Tempelpriester, dessen Tochter Chryseis heißt. Weil sie Agamemnon gefiel, raubte er sie und machte sie zur Sklavin seiner Dienste und Lüste. Natürlich war Chryseis' Vater daraufhin sehr verbittert und versuchte, seine Tochter von Agamemnon freizukaufen, doch der Anführer jagte ihn nicht nur einfach davon, sondern beleidigte ihn auch noch. Damit hatte er aber auch Apollon beleidigt. Und der – so weiß der Seher – wird seinen Fluch erst zurücknehmen, wenn die Tochter wieder bei ihrem Vater ist.

Äußerst widerwillig lässt sich Agamemnon nun dazu überreden, Chyrseis zurückzugeben, womit er sich aber ausgerechnet von Achill eine Rüge einfängt. Doch das ist genau die Gunst der Stunde: »Niemand ist schrecklicher als du, Achill, ich hasse keinen mehr als dich. Wie Apollon mir Chryseis wegnimmt, so nehme ich dir deine Briseis. Damit dir endlich klar wird, wer hier der Boss ist!«

Statt zu antworten, greift Achill zu seinem Schwert, und er hätte Agamemnon sicherlich in Stücke gehauen, wenn nicht die Göttin Athene dazwischengegangen

wäre. So macht Achill seinem Ärger nur mündlich Luft: »Du Tyrann… du Ich-Süchtiger.«

Während Achills Gefährte Patroklos die Sklavin Briseis an die Schergen Agamemnons übergibt, geht Achill allein an den Strand, wo er aus Wut weint. Weinen ist keine Schande bei den antiken Helden! Achill weint und wird immer wütender… er wird sich furchtbar rächen! Rächen, indem er nichts tut und stattdessen zusehen wird, wie seine Kriegskameraden niedergemetzelt werden. Und wenn sie dann gar nicht mehr weiterwissen, dann werden sie angekrochen kommen – Agamemnon an der Spitze.

Wer wird sich am Ende als stärker herausstellen: Achill oder Agamemnon?

So muss man die Geschichte des Trojanischen Krieges heute erzählen. Wir wollen Details, Emotionen und Dramen auf allen Ebenen, doch damals, als die Geschichte das allererste Mal – von Homer nehmen wir an – niedergeschrieben wurde, klang sie ganz anders.

Die Angreifer – Griechen, auch Achaier oder Danaer genannt

Die Achaier waren eigentlich nur die Menschen, die in der Landschaft Achaia im Nordwesten der Peloponnes lebten und dort einige Städte gründeten. (Wenn man sich auf einer Karte Griechenland anschaut, scheint ein großes tropfendes Dreieck unter dem griechischen Festland zu hängen: die zerklüftete Peloponnes-Halbinsel.) Doch in Homers *Ilias* sind mit den Achaiern alle Griechen gemeint, die sich an dem Feldzug gegen Troja beteiligten. Manchmal werden sie auch in Anlehnung an ihren legendären Ahnherrn Danaos als »Danaer« bezeichnet.

Die wichtigsten Personen aufseiten der Griechen sind:

- Achill
- Agamemnon
- Odysseus
- Ajax, der nach Achill zweitstärkste Grieche
- der Seher Kalchas
- Diomedes, Kämpfer und König von Argos
- Menelaos, der König von Sparta sowie Helenas Ehemann und der Bruder von Agamemnon
- der alte und weise Kämpfer Nestor und
- Achills Gefährte und Wagenlenker Patroklos

Homers Hexameter

Homers *Ilias* erzählt nur einen Ausschnitt aus dieser ganzen Geschichte. Nur 51 Tage im neunten Jahr des Krieges umfasst seine Erzählung. Über die vorausgegangenen und nachfolgenden Ereignisse macht er nur Andeutungen: In die erste Hälfte sind Rückblenden eingestreut, in der zweiten finden sich Andeutungen auf die Zukunft – den Fall von Troja. Außerdem erwähnt Homer bei jeder Gelegenheit furchtbar viele Namen:

»Führer war den Böoten Peneleos, Leitos Führer,
Arkesilaos zugleich und Klonios samt Prothoenor«
(*Ilias* II, 494 – 495)

Mehrere Hundert kommen in der Dichtung vor, denn alle Helden- und Fürstengeschlechter der Griechen tauchen namentlich auf.

Doch damit nicht genug, auch der ganze Olymp ist anwesend – alle Götter der Griechen: von Göttervater Zeus und Muttergöttin Hera über Athene, Poseidon, Hermes, Hephaistos, Apollon und Artemis bis hin zu Aphrodite.

Schließlich ist die ganze Geschichte noch in einer schwer lesbaren Form abgefasst:

»Zeus, ruhmwürdig und hehr, schwarzwolkiger Herrscher des Äthers!
Nicht bevor lass sinken die Sonn und das Dunkel heraufziehn,
Eh ich hinab von der Höhe gestürzt des Priamos Wohnung«
(*Ilias* II, 412 – 414)

Alles in allem also eine unübersichtliche Handlung ohne den Ausgang der Geschichte, lange Aufzählungen von Namen und kompliziertenste Sätze – »Thema verfehlt!«, würde jeder gute Drehbuchautor heute sagen oder der Deutschlehrer an euren Heftrand schreiben.

In der Antike lagen die Dinge jedoch anders. Jeder kannte den Ausgang der Geschichte, man ist mit ihr groß geworden wie wir mit *Hänsel und Gretel*. Schon lange vor Homer wurden die Heldengeschichten an den Lagerfeuern der Griechen erzählt. Homers *Ilias* ist deshalb nur die älteste uns überlieferte Version dieser Geschichte. Dabei fasste er all die erzählten Geschichten in zwei gewaltigen Epen zusammen – und zwar in Versform, dem Hexameter. »Hexameter« heißt wörtlich »Sechsmaß« (griech. *hex* = sechs, *metron* = Maß). Das heißt, pro Verszeile werden sechs Silben betont. Beim strengen Hexameter folgen einer betonten Silbe zwei unbetonte außer am Ende der Verszeile. Hier steht nach der betonten nur noch eine unbetonte Silbe.

Das Beispiel, das immer gern genannt wird, ist der Anfang der *Odyssee*:
>>**A**ndra moi **e**nnepe, **M**usa, pol**y**tropon, h**o**s mala p**o**lla
pl**a**nchte, epe**i** Tro**i**es, hi**e**ron ptoli**e**thron ep**e**rse
p**o**llon d'**a**nthrop**o**n iden **a**stea k**a**i n**o**on **e**ngno
p**o**lla d'ho g'**e**n p**o**nto p**a**then **a**lgea h**o**n kata th**y**mon ...<<
(*Odyssee,* I, 1–4)

Übersetzt heißt das:
>>**Sa**ge mir, **Mu**se, die **Ta**ten des **vie**lgew**a**nderten **Ma**nnes,
Welcher so **we**it ge**i**rrt, nach des **hei**ligen Tr**o**ja Zerst**ö**rung.
Vieler **Me**nschen **Stä**dte ges**e**hen und **Si**tte gel**e**rnt hat,
Und auf dem **Mee**re so **vie**l unn**e**nnbare **Lei**den erd**u**ldet ...<<
(*Odyssee,* I, 1–4)

Natürlich würde das Ganze ziemlich monoton und langweilig – die *Ilias* hat immerhin 15 693 Verse, die in 24 Gesänge unterteilt sind –, wenn es nicht kleine Abwandlungen und Varianten gäbe. So können an zweiter oder dritter Stelle statt einer betonten und zwei unbetonten einfach zwei betonte Silben stehen. Das funktioniert aber nur im altgriechischen Original, im Deutschen gibt es keine zwei betonten Silben hintereinander.

Über den reinen Unterhaltungswert hinaus diente die *Ilias* als Göttersage, Heldenepos und Familienchronik zugleich. So berichtet Homer beispielsweise über die Ereignisse aus der Perspektive der gerade wieder erstarkenden Griechen, und Hunderte von griechischen Kämpfern und deren Familien werden in den sogenannten Schiffskatalogen angeführt. Uns langweilt das heute beim Lesen, die Nachfahren dieser Kämpfer jedoch konnten aus diesen Erwähnungen Ansprüche auf Land und gesellschaftliche Stellungen ableiten.

Ilias – warum nicht *Trojas*?

Ilias ist die altgriechische Adjektivbildung zu *Ilios*, die Burg, wörtlich also >>zur Burg gehörend<<. Da in der Dichtung Homers *Ilios* ein Alternativname für Troja ist, kann man *Ilias* folglich auch mit >>zu Troja gehörend<< übersetzen.

Zunächst hatte die berühmte Dichtung gar keinen Titel, es war eben >>die<< Dichtung, so wie es im Christentum die >>Heilige Schrift<<, eben die Bibel, oder im Islam >>das Buch<< beziehungsweise der Koran ist. Erst über drei Jahrhunderte nach ihrer Entstehung, das heißt im 5. Jahrhundert vor Christus, wählte der griechische Historiker Herodot den Namen *Ilias* für das zentrale Werk der Griechen.

Wann und warum der Name >>Troja<< stärker in den Vordergrund rückte, ist unbekannt. Jedenfalls wurden die Nacherzählungen im europäischen Mittelalter bereits als >>Troja-Romane<< bezeichnet.

Aber was ist der Kerngedanke dieser Erzählung?

Die *Ilias* handelt nicht hauptsächlich vom Kampf um Troja und dessen Untergang, sondern vom Kampf zweier Männer gegeneinander, die eigentlich dem gleichen Lager angehören: Agamemnon und Achill. Achill ist, wie wir gehört haben, ziemlich verärgert, und deshalb werden in dem Epos die Götter nun gebeten, seinen Zorn zu beschwichtigen.

Das müssen wir uns immer wieder vor Augen führen: Nicht mit Liebe, Freundschaft, Mut, Verzweiflung oder Wut – nein, mit unsäglichem Zorn beginnt die älteste Dichtung des Abendlandes. Und Zorn und Wut sind auch die Motive, die sie immer weiter vorantreiben werden ...

> »Singe den Zorn, o Göttin, des Peleiaden Achilleus,
> Ihn, der entbrannt den Achaiern unnennbaren Jammer erregte,
> Und viel tapfere Seelen der Heldensöhne zum Ais
> Sendete, aber sie selbst zum Raub darstellte den Hunden,
> Und dem Gevögel umher. So ward Zeus' Wille vollendet:
> Seit dem Tag, als erst durch bitteren Zank sich entzweiten
> Atreus' Sohn, der Herrscher der Völker, und der edle Achilleus«
> (*Ilias* I, 1–7)

Die Vorgeschichte der Vorgeschichte der Vorgeschichte ...

Warum die Götter miteinander streiten, warum Paris, der Sohn des Königs von Troja, so verrückt war, Helena zu entführen, und warum die Griechen Troja nach acht Jahren Belagerung noch immer nicht erobern konnten, dazu gibt es eine Vorgeschichte und zu dieser Vorgeschichte wieder eine Vorgeschichte ... Im Grunde könnte die Geschichte da anfangen, als Zeus den Olymp betrat.

Das ähnelt vielen Reden von Lehrern und Vortragenden, die gern bei Adam und Eva beginnen. Wir starten jedoch mit den Ereignissen, die einen direkten Einfluss auf den Trojanischen Krieg haben. Schon dabei müssen wir zwischen drei Schauplätzen hin- und herspringen: dem Olymp, Mykene und der Troas.

Um den Untergang Trojas zu verstehen, müssen wir aufseiten Trojas etwas weiter zurückgehen. Als Laomedon, der Vater von Priamos, Herrscher von Troja war, kam es auf dem Olymp zu einer Revolte. Poseidon und Apollon wollten Zeus vom Thron stürzen, scheiterten und wurden für ein Jahr auf die Erde verbannt. Dort mussten sie furchtbarerweise arbeiten! Und so errichteten sie für Laomedon eine uneinnehmbare Burg. Doch als die Burg vollendet war, verweigerte Laomedon den Göttern den vereinbarten Lohn. Die Götter zogen wieder auf den Olymp, aber sie sollten sich früher oder später rächen. Die Rache kam, als Priamos seinen zweiten Sohn – Paris – erwartete und seine Frau Hekabe kurz vor dessen Geburt einen fürchterlichen Traum hatte: Troja stand in Flammen. Die Seher wurden gerufen, denn in dieser

> **Die Verteidiger – Trojaner, Dardaner oder Bewohner von Ilion**
> Die Trojaner werden auch »Dardaner« genannt, weil der Gründungsvater aus der Stadt Dardanos stammte – hiervon leitet sich auch der Name der bekannten Meerenge ab: Dardanellen.
> Dardanos' Nachkomme war Tros, auf dessen Namen »Troja« zurückgeht. Und dessen Nachfolger wiederum, Ilos, soll eine erste Burg in Troja errichtet haben (griech. *Ilion* = Burg).
> Die wichtigsten Personen aufseiten der Trojaner sind:
> - Priamos, der König von Troja
> - Hekabe, die Hauptfrau von Priamos und damit die Königin von Troja
> - der Kämpfer Hektor, ein Sohn von Priamos und Hekabe
> - der Frauenerober Paris, ebenfalls ein Sohn von Priamos und Hekabe
> - Hektors Lieblingsbruder Deiphobos
> - Aeneas, der als einziger Sohn von Priamos und Hekabe den Untergang Trojas überlebt, und
> - Kassandra, die einzige Tochter des Königspaares; sie spielt in der *Ilias* eine wichtige Rolle

> **Kassandrarufe**
>
> »Das habe ich kommen sehen!« Wie häufig hören wir diesen Satz von Eltern, Freunden, Lehrern oder Experten im Fernsehen. Wenn sie einen tatsächlich vorher gewarnt haben und niemand ihnen geglaubt hat, dann handelt es sich um einen klassischen Kassandraruf. Kassandra konnte nämlich die Zukunft vorhersehen – das hatte sie vom Gott Apollon gelernt, mit dem sie einige Zeit zusammenlebte. Als sie sich von ihm trennte, konnte der ihr die Sehergabe nicht mehr wegnehmen, aber er verfluchte ihre Gabe: »Niemand soll deinen Weissagungen glauben!«

Zeit glaubten die Menschen, dass sich die Götter ihnen in ihren Träumen mitteilten. Und was hatten sie zu sagen? Paris würde Troja den Untergang bringen! Da die Eltern den Fluch jedoch weder hinnehmen noch ihr Kind töten wollten, verhielten sie sich inkonsequent und setzten dadurch das Schicksal in Gang: Sie brachten das Kind ins nördlich von Troja gelegene Idagebirge und überließen es sich selbst in der Hoffnung, dass es von einem Bären getötet würde. (Es passiert in den alten Geschichten immer wieder, dass Eltern ihre Kinder dem eigenen Schicksal überlassen: Moses wurde ausgesetzt, Ödipus verbannt ...) Doch stattdessen zogen die Bären den Jungen auf, aus dem später ein Hirte wurde, der auf den Namen Alexander hörte.

Lange Zeit lebte der Königssohn unerkannt unter diesem Namen im nahen Idagebirge, es fiel nur auf, dass er klüger war und stärker wurde als seine Altersgenossen. Er war glücklich, auch wenn er nicht wusste, woher er kam. Bis die Götter eingriffen ...

Der Anlass: Die Trojaner suchten einen guten Opferstier, und den fanden sie bei Alexander im Idagebirge. Alexander brachte den Stier persönlich nach Troja und übergab ihn Priamos. Dann beteiligte er sich an den dortigen Wettspielen und gewann prompt – nicht nur im Bogenschießen, seiner Paradedisziplin.

Priamos zählte eins und eins zusammen – das Alter des Jungen, seine unbekannte Herkunft und seine herausragenden Fähigkeiten. Das konnte nur sein verloren geglaubter Sohn Paris sein. Glücklich schloss er ihn in die Arme und vergaß die düstere Prophezeiung.

Als ihn seine Tochter Kassandra daran erinnerte und ihn aufforderte, Paris zu töten, fuhr Priamos sie an: »Schweig! Lieber sehe ich Troja untergehen als meinen Sohn!«

Jetzt wechseln wir auf den Olymp.

Hier beginnt alles mit der Hochzeit des Helden Peleus und der Göttin Thetis – die Eltern des künftigen Helden Achill. Auch wenn wir in der Geschichte noch weiter zurückgehen könnten, so starten wir hier mit diesem Fest, das das letzte eines Sterblichen war, an dem auch die Götter teilnahmen.

Alle Götter waren eingeladen bis auf Eris, die Göttin des Streites. Sie schlich sich trotzdem unter die Festteilnehmer, und da es einen Grund hatte, dass sie die Streitgöttin war, brachte sie ein »vergiftetes« Geschenk mit: einen goldenen Apfel mit der Aufschrift »Für die Schönste«. Den warf sie einfach in die Menge. Und prompt gab es Ärger. Denn drei Göttinnen verlangten von Zeus, dass er ihnen den Goldapfel zusprach: Hera, die Gattin des Zeus, Athene, die Kriegsgöttin, und Aphrodite, die Liebesgöttin.

Wegen dieses Streites reden wir noch heute von einem »Zankapfel«, wenn sich mehrere Parteien um eine Sache lange und heftig streiten.

Doch Zeus galt zu Recht als weiser Göttervater, er hielt sich aus dieser Angelegenheit heraus, denn eine von ihnen zur Siegerin zu ernennen hätte auch bedeutet, sich zwei Göttinnen zu Feindinnen zu machen. Also suchte er einen Dummen, der statt seiner entscheiden sollte, und fand ihn unter den Sterblichen. Warum sollte nicht der schönste Mann unter ihnen diesen Job erledigen? Also musste Paris, der heimgekehrte Sohn des Königs von Troja, diese Aufgabe übernehmen.

Alle drei Göttinnen versuchten, Paris mit Versprechungen zu bestechen. Hera wollte ihn zum Herrscher großer Reiche machen. Athene versprach ihm vergeblich, er

würde bei jedem Kampf siegen. Doch nur Aphrodite konnte ihn mit ihrem Versprechen überzeugen: »Ich verheiße dir ein Weib so schön, wie ich es bin!« Daraufhin bekam sie den goldenen Apfel und musste nun dafür sorgen, dass Paris die schöne Helena bekam.

Doch Göttergeschenke sind immer mit Vorsicht zu genießen; sie enden in der Regel unangenehm für die Menschen – meistens gehen sie sogar daran zugrunde. Der Haken an Aphrodites Angebot war nämlich: Helena war mit Menelaos, dem König von Sparta, verheiratet; Paris musste sie also entführen, wenn er sie besitzen wollte.

Moment mal – etwas stimmt bei der Geschichte nicht. Die künftigen Eltern von Achill heiraten gerade erst, als Paris schon erwachsen ist. Bis Achill ein tollkühner Kämpfer von ungefähr 20 Jahren sein wird, ist Paris mindestens 40 – in der Antike ein alter Mann.

Das ist er während des Trojanischen Krieges aber nicht. Außerdem hätte er ja 20 Jahre auf Helena warten müssen – und die wurde ja auch nicht jünger …

Da ist etwas nicht logisch, aber es ist eben eine mythische Erzählung.

Die *Ilias* als erzählter Mythos

Bevor Homer das Epos aufschrieb, wurden die vielen kleinen Geschichten von Agamemnon, Achill und Odysseus über Jahrhunderte am Lagerfeuer erzählt.
Jeder, der einmal »Stille Post« gespielt hat, weiß, wie sehr sich die Dinge bei jeder mündlichen Weitergabe verändern. Bei jeder Nacherzählung wird der Zorn des Achill etwas größer, Odysseus etwas schlauer und Ajax etwas verrückter. Und hatte der Erzähler genug Zeit und Fantasie, dann erfand er noch eine Vorgeschichte zu seiner Geschichte: »Das Ganze hatte ja nur deshalb überhaupt begonnen, weil …«
So entstand ein ganzes Geflecht aus Hunderten von Geschichten. Das heißt auch: Viele Vorgeschichten zum Trojanischen Krieg wurden später hinzugefügt. Dabei muss nicht immer alles logisch und schlüssig zugehen, denn die Erzähler hatten keine Tafel dabei, auf der sie die einzelnen Figuren und ihre Beziehungen zueinander aufzeichnen und nach logischen Gesichtspunkten überprüfen konnten: Passt das jetzt von den Zeitangaben? Stimmen die Orte der Handlung? … Nein, sie erzählten einfach drauflos, und wenn sie ihre Zuhörer damit fesseln konnten, dann glaubten die ihnen auch. So begann ein guter Erzähler schließlich mit dem Anfang der Welt und erklärte, warum es sie und uns überhaupt gibt. Seine Erkenntnisse beruhigten die Zuhörer ungemein.
Das ist heute auch noch so. Wenn wir nachts im völlig finsteren Wald stehen und unerklärliche Geräusche hören, bekommen wir Angst. Wir beruhigen uns aber sofort, wenn jemand uns erklärt: »Das erste Geräusch kommt von einer Eule, und das zweite war ein grunzendes Wildschwein, das weit weg ist!«

Am Anfang schufen die Menschen Opferrituale, um das Chaos der Welt zu bändigen. Dann begannen sie zusätzlich Mythen zu erzählen, um sich die Welt zu erklären. Besonders die alten Griechen, denn sie lebten in einer launischen Natur: Die Sommer sind sehr heiß, die Winter stürmisch und feucht, das Land ist stark zerklüftet, hinter den kleinen Buchten erheben sich mächtige Berge. Es ist beschwerlich, von Tal zu Tal zu reisen. Deshalb wagten sich die Griechen schon früh aufs Meer hinaus. Doch das Mittelmeer erwies sich als tückisch – innerhalb kürzester Zeit kann sich Sonnenschein in Sturm und Unwetter verwandeln. Kein Wunder, dass die Griechen annahmen, ihre Götter seien launisch und rachsüchtig. Und deshalb entwickelten sich ihre Mythen auch nicht zu einfachen, gemeinschaftstiftenden Geschichten, in denen ihre Helden von Sieg zu Sieg ziehen wie Superman, Batman und Co. Vielmehr kristallisierten sich im Laufe der Jahrhunderte in ihnen die Urkonflikte heraus: die zwischen den Menschen und der Natur beziehungsweise den Göttern und die zwischen den Menschen untereinander; heute würden wir sagen, zwischen den Menschen und den unterschiedlichen Werten, die sie vertreten.

Was sagen diese Mythen über die Menschen und die Götter aus?
Leidenschaft lässt die Menschen jede Vernunft vergessen. Immer wieder finden sich Kurzschlusshandlungen: Laomedon verweigert den Göttern den Lohn für den Bau der Stadtmauer von Troja, das wird einer der Gründe für den Untergang Trojas. Und Agamemnon beleidigt die Kriegsgöttin Artemis und muss dafür seine Tochter Iphigenie opfern, wie wir noch erfahren werden.
Aber auch die Götter sind launisch: Sie greifen plötzlich und unversöhnlich in das Schicksal der Menschen ein. Sie symbolisieren die Kräfte, die in unserem Leben nicht beherrschbar sind – Krankheiten, Zorn, plötzlicher Tod.

Zurück auf den Olymp, wo Aphrodite den Raub der Helena vorbereitete.
Was dazu noch wichtig ist zu erfahren: Helena ist eigentlich eine Tochter von Zeus, sie geht aus seiner Verbindung mit der Rachegöttin Nemesis hervor. Aber das weiß keiner der Sterblichen, sonst hätte Paris sicherlich seine Finger von ihr gelassen – oder doch nicht?

»Miss Griechenland« wird gekidnappt

Wir müssen jetzt zu den Achaiern wechseln.

Wir können das ganze Drama auch in Mykene im Osten der Peloponnes beginnen und enden lassen, wo Agamemnon König ist. Beinahe wäre Agamemnon gar nicht König geworden, denn sein Vater, der kluge, weise und zu gutmütige König Atreus wurde von seinem Stiefsohn Aigisthos ermordet, der sich selbst zum König machte. Doch als Agamemnon, leiblicher Sohn des Atreus und Enkel von Pelops, alt genug war, verjagte er Aigisthos.

Zu der Zeit, als Agamemnon sich seinen rechtmäßigen Thron eroberte, wurde sein jüngerer Bruder Menelaos König von Sparta. Zur Krönung seines Erfolgs hatte er die schönste Frau der damaligen Welt geheiratet: Helena (»Miss Griechenland« sozusagen). Und nun fädelte Aphrodite die Entführung ein: Sie musste dafür sorgen, dass sich Helena in Paris verlieben konnte – dafür mussten sich die beiden allein begegnen können. Also wurde zunächst Paris auf Diplomatie-Reise geschickt, damit er sich in der ägäischen Fürstenwelt ein wenig umsehen konnte. Dabei wurde er auch in Sparta von Menelaos empfangen. Doch als Paris gerade neun Tage dort weilte, sorgte die Göttin dafür, dass Menelaos zu einer wichtigen Beerdigung mit anschließenden Leichenwettkämpfen nach Kreta abberufen wurde. Er ließ Helena in der Obhut ihrer beiden Brüder zurück. Diese wurden jedoch in einen Streit verwickelt und getötet. Aphrodite hatte den Weg freigemacht, und Paris nutzte die Gunst der Stunde. Der trojanische Prinz Paris, der schönste Mann der damaligen Welt, entführte die schönste Frau der damaligen Welt, Helena. Das wiederum verletzte nicht nur die Ehre von Menelaos, sondern auch die Ehre seines Bruders Agamemnon, dem mächtigsten Mann in Mykene.

Aber der Raub einer Frau war noch lange kein Kriegsgrund. Frauen wurden im damaligen Griechenland oft geraubt, genauso wie Vieh, Schätze aus Metall oder ganze Ernten. Was man besaß, musste man auch festhalten können, sonst hatte man es nicht verdient. Was in dieser Welt zählte, waren Taten, Erfolge, materieller Besitz.

Ein Herrscher hatte keinen einfachen Job: Ständig musste er seinen Status verteidigen und beweisen, dass er zu Recht über den anderen steht. Es wurde von ihm erwartet, sich aktiv zu bereichern. Passivität, Genügsamkeit, Entspannung – falsch. Auch Moral bedeutete nicht viel, auf Frauen, Kinder und Alte wurde wenig Rücksicht genommen, nur die Ehre zählte.

Übrigens: Die Krieger trugen langes, lockiges Haar und hatten immer ihre Waffen bei sich. Sklaven und niedrige Krieger mussten dagegen kurzes Haar tragen.

Zunächst fuhren nur Menelaos und Odysseus mit ihren Schiffen nach Troja – sie wollten mit Priamos über die Freigabe Helenas verhandeln. Und dieser wäre sogar bereit dazu gewesen, bloß das Dumme an der Sache war: Helena und Paris waren noch nicht in Troja eingetroffen. Die Göttin Hera hatte ihr Schiff nach Pylos abtreiben lassen, um das Zusammentreffen zu verhindern.
Als Paris mit Helena dann endlich in Troja ankam, griff Aphrodite ein: Sie sorgte dafür, dass alle Männer – besonders Priamos und Hektor – von Helenas Schönheit so überrumpelt wurden, dass sie dieses zauberhafte Wesen auf keinen Fall ziehen lassen wollten.
Nur Priamos' Tochter Kassandra war anderer Ansicht: Sie prophezeite erneut den Untergang Trojas. Doch auch dieses Mal glaubte ihr niemand, und so sagten die herrschenden Männer: »Helena kann bleiben. Sollen die Griechen doch kommen, wenn sie wollen. Wir leben im sicheren Troja, dessen gewaltige Stadtmauern von Göttern erbaut wurden.«
Nun blieb Agamemnon und Menelaos keine andere Wahl – sie riefen zu den Waffen und erinnerten alle mykenischen Fürsten an ihren Eid: Sie alle waren einmal hinter Helena her gewesen, sie alle hatten sich zur Brautschau versammelt. Damit es aber später keinen Neid und keine Rachegefühle geben würde, schworen sie alle den »Helena-Eid«: Helena sollte selbst ihren künftigen Mann wählen, und alle würden ihre Wahl akzeptieren. Und sollte der künftige Gemahl einmal in Schwierigkeiten geraten, sollten alle Fürsten ihm beistehen. Genau dieser Fall trat nun ein.
Also versammelten sich alle Fürsten mit ihren Heeren und wählten einen Anführer: Agamemnon! Wirklich alle? Nein, einige versuchten sich zu drücken … Wie schon gehört, gab Odysseus vor, verrückt zu sein. Und Achill? Seine Mutter Thetis wusste von der Prophezeiung und versuchte, ihn vor seinem Schicksal, in den Krieg ziehen zu müssen, zu schützen. In Frauenkleidern wurde er unter Mädchen großgezogen – mit Erfolg, war er doch noch ein milchbärtiger Jüngling zu der Zeit, als die Helden nach Troja aufbrachen. Trotzdem fanden ihn Agamemnons Leute durch einen Trick: Odysseus ließ um die Schar Mädchen herum Schmuck verteilen und einen Satz Waffen. Dann ließ er jemanden ins Kriegshorn blasen – das Zeichen dafür, dass sie angegriffen wurden. Alle Mädchen schnappten sich etwas von dem Schmuck und rannten davon, nur eines griff fachmännisch zu den Waffen: Achill war überführt!

Nun hätten die Griechen endlich lossegeln können, doch eine Flaute verhinderte die Abfahrt. Absolute Windstille, sie kamen keine zehn Fuß von der Stelle. Das konnte doch wieder nur ein Streich der Götter sein!

Also wurde wieder der Seher Kalchas gerufen, und der fand heraus: Artemis fühlte sich von Agamemnon beleidigt, denn während die Flotte auf Odysseus und Achill gewartet hatte, hatte sich Agamemnon die Zeit mit der Jagd vertrieben. Und als er mit großer Beute zu den Schiffen zurückgekehrt war, hatte er noch im Jagdfieber gerufen: »Artemis hätte nicht besser getroffen!«

So eine Anmaßung durfte sich kein Sterblicher leisten, und deshalb verlangte die Göttin als Sühne die Tochter des Agamemnon, Iphigenie. Sie sollte der Göttin geopfert werden.

Agamemnon weigerte sich. Doch nun traten seine Kriegskameraden an ihn heran, sie wollten ihren Job hinter sich bringen: »Sollen wir wegen eines Mädchens warten? Es werden noch Hunderte auf dem Schlachtfeld sterben! Stell dich nicht so an! Oder wir suchen uns einen anderen Anführer!«

Agamemnon ließ sich umstimmen – seine Frau würde ihm das nie verzeihen.

Doch bei der Opferung ereigneten sich mysteriöse Dinge: Nebel legte sich über den Opferaltar, und als er sich lichtete, lag ein geschlachtetes Opfertier dort – Iphigenie war verschwunden. (In dieser Geschichte wird der Übergang vom – zu dieser Zeit durchaus noch üblichen – Menschen- zum Tieropfer dargestellt. Die Götter demonstrieren so: Uns genügt auch ein Lamm, ein Stier, ein Ross!)

Nun blies der Wind Richtung Osten, und sie kamen Troja langsam näher. Langsam, weil sie unterwegs jede Gelegenheit nutzten, um Städte und Dörfer zu überfallen und auszurauben. Krieg und Plünderungen waren für die Griechen ganz legitime Mittel, nur bei der Aufteilung der Beute konnten sie ziemlich empfindlich werden, da musste es schon sehr gerecht zugehen.

Von den weiteren Ereignissen während der Fahrt interessiert uns noch Folgendes: Als die Griechen nach Chrysa bei Lemnos kamen, um noch schnell dem Apollon zu opfern, wurde Philoktetes, ein hervorragender Bogenschütze aus Thessalien, der den göttlichen Herakles-Bogen trug, von der Tempelschlange gebissen. Die Wunde heilte trotz aller Kräuter nicht und fing so sehr an zu eitern und zu stinken, dass die Krieger ihren Kameraden auf einer einsamen Insel aussetzten. Als sie ihn später doch brauchten und holen wollten, war er immer noch furchtbar wütend auf alle ... So weit die Vorgeschichte.

Hilfe, Paris wird übermütig!

Zurück zur eigentlichen Geschichte des Trojanischen Krieges. Wir befinden uns im neunten Kriegsjahr. Im Lager der Griechen wütet die Pest, doch der Frauen-Transfer – Agamemnon lässt Chryseis an ihren Vater, den Apollon-Priester, zurückgeben und Achill seine geliebte Briseis wegnehmen – zeigt Wirkung.
Der erste Teil der Aktion lohnt sich für das griechische Heer: Kaum hat Odysseus die Priestertochter Chryseis zurückgegeben, werden alle Pestkranken wieder gesund. Doch der zweite Teil der Aktion – die Bestrafung des Achill – hat für die Achaier weitreichende Folgen, denn Achill weigert sich nun, weiter für die Griechen zu kämpfen. Damit ist das griechische Heer nicht nur um Achill und seine Eliteeinheit geschwächt, noch entscheidender ist der psychologische Effekt: Die Trojaner haben vor allem vor einem Angst: dem rasenden Halbgott Achill. Diese Furcht, die Achill verbreitet, kann eine ganze Schlacht entscheiden.
Und nun passiert noch etwas Schlimmes: Zeus will die Ehre von Achill wiederherstellen, und deshalb täuscht er Agamemnon.

Moment mal – wie greifen die Götter eigentlich ein?
Sie kommen nicht einfach auf die Erde gebeamt und wüten herum, sondern sie vermitteln sich durch Ahnungen, Träume, sie nutzen Täuschungen und Listen. So hatte Paris bei seinem Schönheitsurteil hinterher das Gefühl, er habe alles nur geträumt. Und Agamemnon wird getäuscht, indem ihm sein Freund Nestor – der greise und zugleich weise König von Pylos – erscheint und ihm einen Ratschlag gibt – einen Ratschlag, den der reale Nestor nie gegeben hätte.

Götter, die auf der Seite der Griechen stehen:
- die Muttergöttin Hera
- die Kriegsgöttin Athene
- der Meeresgott Poseidon
- der Götterbote Hermes
- der Feuergott Hephaistos und
- die Meeresnymphe Thetis

Götter, die auf der Seite der Trojaner stehen:
- der Kriegsgott Ares
- Apollon, Gott der Musik, Weissagung und Heilkunst
- Artemis, die Göttin der Geburt und der wilden Tiere
- Leto, die Mutter von Apollon und Artemis
- der Flussgott Skamandros und
- die Liebesgöttin Aphrodite

Nur Zeus, der Göttervater, ist weitgehend unparteiisch – dafür aber hin und wieder launisch oder lüstern.

Agamemnon steht auf und spricht zu seinen Gefährten: »Es ist doch offensichtlich. Die Götter sind nicht auf unserer Seite. Warum ziehen wir nicht wieder ab?«

Die Männer verfügen zu Hause über große Ländereien, und deshalb wollen sie schon losgehen, um ihre Sachen zu packen. Da ergreift Odysseus das Wort und packt sie bei ihrer Ehre: »Seid ihr Jammerlappen? Wie sieht denn das aus, wenn wir nach acht Jahren ohne Sieg und Beute heimkommen? Was werden wohl eure Frauen sagen?«

So rücken sie wieder zum Angriff vor, doch ohne Achill sind die Trojaner bei dieser Auseinandersetzung eindeutig im Vorteil. Sie haben ja weiter ihren Helden Hektor. Sie werden übermütig – allen voran Paris. Und so kommt es, dass er die Achaier herausfordert: »Wer von euch wagt einen Zweikampf mit mir?«

Er hat vielleicht erwartet, dass die Achaier zu erschöpft und zu frustriert sind, um die Herausforderung anzunehmen, denn als sein Erzfeind Menelaos von seinem Streitwagen springt, um sich ihm zu stellen, ist Paris entsetzt. Doch er kann nicht mehr zurück, und damit es zumindest fair zugeht, fordert er, dass die beiden Heerführer Agamemnon und Priamos als Kampfrichter dabei sein sollen. Diese kommen, opfern ein Lamm für die Götter und setzen eine Art Vertrag auf: Sollte Paris gewinnen, dürfe er Helena mit all ihren Schätzen behalten, und die Achaier müssten abziehen. Sollte das Los zugunsten Menelaos' entscheiden, bekäme er Helena mitsamt ihren Reichtümern zurück und noch einiges von den Schätzen Trojas obendrauf.

Paris erscheint in seinem Raubtierfell mit Speer, Schwert, Pfeil und Bogen, der stämmige Menelaos in seiner gewaltigen Rüstung. Beide Kämpfer werfen ihre Speere und treffen den Gegner, doch die Götter sorgen dafür, dass die Wunden nicht sehr schwer sind.

Dann kommt es zum Schwertkampf, und da hat Paris von vornherein keine Chance, er ist viel schmächtiger und mit dem Schwert ungeübt, weil seine Waffen ja eigentlich Pfeil und Bogen sind.

Auch das Eingreifen Athenes hilft nicht, denn die anderen Götter stellen sich ihr entgegen. Also greift sie zu einer List: Ein plötzlich auftauchender Nebel hüllt die beiden Kämpfer mitsamt ihrem Publikum ein. Und als sich der Nebel lichtet, ist Paris verschwunden. Er befindet sich innerhalb der trojanischen Stadtmauern.

Allen Kriegern ist klar: Nach den Regeln hat Menelaos gewonnen – der Kampf um Helena und Troja ist eigentlich vorbei.

Auch die Götter sind etwas ratlos: Alles aus und vorbei? So einfach? Sie beraten auf dem Olymp länger, ohne zu einem Urteil zu kommen. Doch schließlich kann Hera Zeus überreden, und sie schickt Athene nach Troja. Diese nimmt dort die Gestalt des trojanischen Kämpfers Laodokos an, tritt neben den Bogenschützen Pandaros und flüstert ihm ein, was es doch für eine gute Idee sei, jetzt einen Pfeil auf Menelaos abzuschießen. Menelaos wird daraufhin getroffen, doch sein Leibgurt verhindert Schlimmeres.

Der Vertrag ist nun offenkundig gebrochen und muss nicht länger erfüllt werden. Voller Wut stürmen die beiden Heere aufeinander los.

Halt – wie kämpfen die Männer eigentlich?

Die Männer tragen in der Regel – wie es uns Homer schildert – ein Schwert, einen Schild und zwei Speere. Zwei Speere, weil sie mindestens einen als Wurfgeschoss nutzen. Denn die Helden sind beim Kampf nicht wählerisch, sie verwenden vor allem Distanzwaffen wie Pfeile und Speere. Und wenn diese nicht zur Verfügung stehen, werfen sie häufig einfach Felsbrocken und Steine auf die Feinde. Sie nutzen jede eigene Überlegenheit und jede Schwäche des Gegners aus – Fairness ist nicht ihr Ding, und Mitleid kennen sie auch nicht.

Kämpfen sie denn in irgendeiner Art von Formation?

Der Wissenschaftler Hans van Wees, der alle Hinweise bei Homer ausgewertet hat, kommt zu dem Schluss: »Nach der *Ilias* zu urteilen, reichte es vielen Kämpfern, ihre Geschosse aufs Geratewohl in die feindlichen Reihen zu schleudern, oder dem Gegner auf der Flucht, beim Besteigen des Streitwagens oder beim hastigen Plündern einer Leiche eine Lanze in den Rücken zu rammen.«

Von wegen kämpfen nach allen Regeln der Kunst von morgens bis abends – es ging eher zu wie bei einer Streetgang, die an ihrem Stammplatz herumhängt. Die

Griechen warfen ihre Speere auf gut Glück ab, und hin und wieder kam es zu einem nicht vorhersehbaren »Ausbruch« – so Wees: »... der Tod eines führenden Kriegers konnte rasch zur Eskalation des Kampfes führen: vom gemächlichen Austausch von Geschossen zum wilden Massenhandgemenge ... Nach einer Phase intensiven Kampfes wurden die Männer müde und zogen sich zurück ...«

Hin und wieder trat auch ein Kämpfer vor und forderte einen der Gegner zum Zweikampf heraus – entweder gleich mitten in der Schlacht oder als regelrechtes Duell, während die übrigen Kampfhandlungen ruhten.

Auch in der *Ilias* kommen sehr viele Zweikämpfe vor – warum? Erstens sind solche Kämpfe natürlich für Homers Erzählung wichtig. In ihnen spitzen sich die Konflikte zu. Zweitens verrät der Zweikampf aber auch einiges über die jeweilige Form der Schlacht: Es ging ziemlich locker zu.

Doch kehren wir zum Kampfgeschehen zurück: Paris und Hektor stürmen aus dem Skäischen Tor (das ist eines der Tore der trojanischen Festung), und an der Spitze der Trojaner metzeln sie die Griechen reihenweise nieder.

Die Griechen rufen Athene zu Hilfe, die verständigt sich mit Apollon darauf, dass mit dem allgemeinen Gemetzel Schluss sein soll und Hektor stattdessen einen Zweikampf mit einem der Griechen bekommt.

Der Kampf stoppt, die Männer hocken sich mit ihren Waffen nieder, und Hektor fordert die Griechen zu einem Zweikampf heraus. Doch die drucksen herum: Schließlich wissen sie, dass sogar Achill ein wenig Bammel vor Hektor hat.

Dann will Menelaos aufstehen, doch Agamemnon rät ihm ab. Daraufhin hilft der greise Nestor nach: »Was seid ihr doch für Feiglinge!« Und prompt stehen Agamemnon, Diomedes, Odysseus und Ajax auf.

Das Los muss entscheiden – und bestimmt Ajax.

Die Speere, die er und Hektor aufeinander werfen, treffen zunächst nur ihre Schilde. Als sie dann aber aufeinander losstürmen, trifft Ajax Hektor beim Schwertkampf am Hals. Daraufhin ergreift der wütende Hektor einen gezackten Stein, wirft und zerstört damit Ajax' Schild. Dieser wirft einen noch größeren Stein und zerstört damit ebenfalls den Schild seines Gegners. Sie wollen wieder mit dem Schwert aufeinander losgehen, da tritt der Herold zwischen sie: »Nun naht die Nacht, und der ist zu gehorchen.«

Da es noch keine Flutlichter oder Nachtsichtgeräte gibt, werden die Kampfhandlungen mit Beginn der Dämmerung eingestellt.

Beim griechischen Schiffslager –
Hektor kämpft gegen Achills Rüstung

Nachdem die Kampfhandlungen angesichts der anbrechenden Nacht am Abend zuvor abgebrochen wurden, beziehen die Männer am nächsten Kriegstag wieder ihre Stellungen. Diesmal lassen die Götter die Trojaner gegen die Griechen vorrücken. Warum? Nicht etwa aufgrund der moralischen Überlegung, dass die Trojaner ja schon lange genug bedrängt worden seien und es jetzt an der Zeit wäre, den Spieß einmal umzukehren … Nein, Zeus stellt eine Waage auf und legt je ein Los für die Griechen und die Trojaner in die beiden Schalen. Die Seite der Griechen senkt sich – sie sind die Verlierer. Und so können die Trojaner mit der Gunst der Götter angreifen und die Griechen bis zu ihrem eigenen Lager zurückdrängen.

Der Angriff wird wiederum durch die Nacht unterbrochen.

Rund um das Lager der Griechen zünden die Trojaner Lagerfeuer an; so zeigen sie: Wir sind da! Wir weichen keine Handbreit! Morgen Früh rücken wir wieder an!

Die Griechen sind ganz schön eingeschüchtert – Mann für Mann, auch ihr Führer Agamemnon. Der lässt eine Versammlung einberufen und spricht: »Zeus hat uns hierhergelockt mit dem Versprechen: ›Ihr werdet Troja zerstören und reiche Beute machen.‹ Nun hat er es sich anders überlegt, warum auch immer. Aber gegen seinen Willen sind wir machtlos. Lasst uns umkehren, solange unsere Schiffe noch heil sind …«

Da tritt der Held Diomedes vor, er hat mit Agamemnon noch ein Hühnchen zu rupfen: »Mich hast du neulich als feige bezeichnet! Und jetzt willst du kneifen? Wenn du heim zu Mutti willst, nur zu. Dann werde ich mit den Tapferen, die hierbleiben, Troja allein erstürmen!«

Gerade noch waren die müden Männer ängstlich und erschrocken, aber Diomedes hat genau ihren Nerv getroffen: Sie johlen ihm zu, und keiner ist mehr bereit, Agamemnon zu folgen.

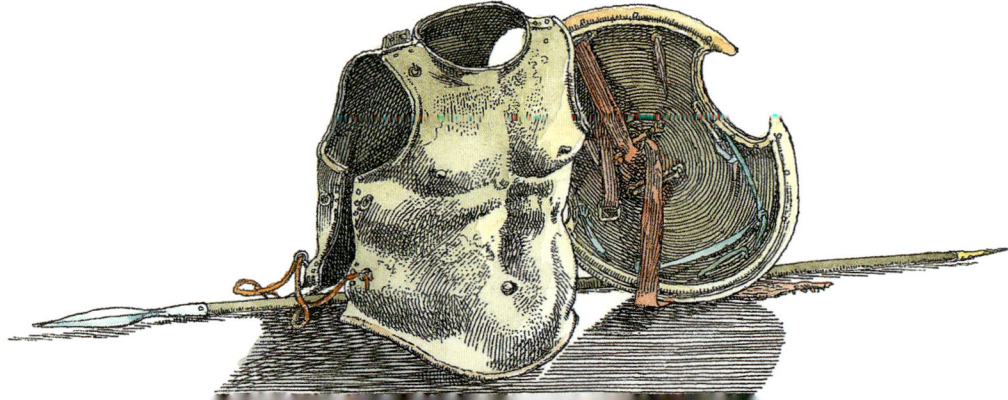

Also bereiten einige Helden ein Nachtmahl in Agamemnons Zelt, und der weise Nestor legt noch einmal nach: »Ich hab dir von Anfang an gesagt: ›Lass die Finger von Briseis. Sonst bringst du Achill und die Göttin Thetis gegen uns auf!‹«
Agamemnon stimmt ihm kleinlaut zu, und sie vereinbaren, dass die Helden Odysseus und Ajax Achill aufsuchen sollen.
Diese finden den wütenden Kämpfer in seinem Zelt zusammen mit seinem Geliebten Patroklos. Odysseus erklärt, dass Agamemnon seinen Fehler eingesehen habe und nun eine Entschuldigung, Briseis und reichliche Entschädigung anbiete: zwölf Dreifußkessel, zehn Talente Gold (ein Talent ist eine altgriechische Geldeinheit), zwölf Pferde, Frauen von der Insel Lesbos und einen extra großen Anteil an der Beute, die sie in Troja erzielen werden.
Doch Achill lässt sich nicht umstimmen: »Ich hasse diesen Betrüger und Feigling! Er bleibt während der Kämpfe immer bei den Schiffen zurück, und er hat mich um meine Kriegsbeute betrogen. Er könnte mir sogar alle Reichtümer Ägyptens anbieten – ich würde drauf spucken! Mein Schicksal lautet: Berühmt sterben oder lange leben. Ich segle lieber morgen heim und werde dort alt und gebrechlich ...«

Also müssen sich die Griechen auch am folgenden Tag ohne den gewaltigen Achill gegen die anstürmenden Trojaner verteidigen.
Besonders Paris wütet an diesem Tag mit seinem Bogen. Er schießt einen Pfeil nach dem anderen auf die Griechen ab. Unter den Kriegern, die er trifft, ist auch der Held Diomedes. Während Odysseus den Pfeil aus Diomedes' Fuß zieht, streckt dieser dem Paris die Faust entgegen: »Ha, als wäre ich von einem Kind getroffen worden. Hinterhältig Pfeile schießen, das kannst du, du Mädchengrapscher!«
Trotzdem müssen die Griechen weichen, Odysseus bleibt zurück und deckt die abziehenden Männer. Fünf trojanische Krieger metzelt er nieder, dann dringt ein geworfener Speer durch Odysseus' Schild und Panzer – Athene kann durch ihr Eingreifen gerade noch eine böse Wunde verhindern. Paris verletzt mit seinen Pfeilen aber auch noch den Arzt Machaon, den Sohn des Gottes der Heilkunst Asklepios.

Zwei Helden und ein Arzt verwundet – all das kann Achill von seinem Schiff aus beobachten. Doch damit endet der Schlachttag noch nicht, denn nun nähern sich die Trojaner den Schiffen der Griechen.
Währenddessen wirft der alte Nestor Patroklos die Untätigkeit seines Freundes

Achill vor: »Wie kann er nur zuschauen, während seine Kampfgefährten wie die Fliegen sterben?«

Schließlich kommt es so weit, dass die Trojaner das Schiffslager der Griechen angreifen. Aus Belagerten werden Belagerer.

Nur der Umsicht Agamemnons ist es zu verdanken, dass ihr Lager nicht von den Streitwagen der Trojaner zerstört wird, denn der hatte das ganze Lager von einer Palisade und einem Verteidigungsgraben umgeben lassen.

Homer beschreibt ihn im zwölften Gesang der *Ilias* sehr genau:

> »So im Gewühl ging Hektor umhergewandt und ermahnte
> Über den Graben zu sprengen die Seinigen. Aber nicht wagten's
> Ihm die Rosse, geflügelten Laufs; sie wieherten laut auf,
> Stehend am äußersten Bord; denn zurück sie schreckte des Grabens
> Breite, zum Sprung hinüber nicht schmal genug, noch zum Durchgang
> Leichtgebahnt; denn ein jäh abhängiges Ufer erhob sich
> Rings an jeglicher Seit', auch war mit spitzigen Pfählen
> Obenher er bepflanzt, die Achaias Söhne gestellet ...«
> (*Ilias* XII, 49–56)

Diese Textstelle ist ganz wichtig, denn wir werden später bei den Ausgrabungen wieder auf sie zurückkommen.

Paris schießt einen Pfeil nach dem anderen über den Graben und die Palisade hinweg auf die Griechen ab und setzt so weiterhin einen Krieger nach dem anderen außer Gefecht. Schließlich müssen die Griechen zurück auf ihre Schiffe ausweichen. Achill jedoch steht ungerührt auf seinem eigenen Schiff und beobachtet das

Treiben. Sein Freund Patroklos aber, der einen viel mitfühlenderen Charakter hat, kann Achill nicht mehr verstehen: »Wie kannst du nur zuschauen, während deine Kampfgefährten sterben wie die Fliegen?«

Doch Achill will immer noch nicht klein beigeben: »Ich greife erst wieder zu den Waffen, wenn die Trojaner mein Schiff bedrängen. Aber du kannst in meine Rüstung schlüpfen und mit meinen Männern die Trojaner aus dem Lager vertreiben.«

Achill weiß, dass seine Waffen und die Rüstung besondere Kräfte besitzen, weil sie vom Schmiedegott Hephaistos hergestellt wurden. Sie haben eine starke Wirkung auf die Feinde: Allein ihr Anblick lässt ihnen die Knie schlottern. Davon geht Achill aus, aber es kommt anders … Ausgerechnet dieses Mal ist Hektor bereit, den Zweikampf mit Achill aufzunehmen.

Patroklos wütet zunächst mit Achills Streitwagen und Waffen unter den Trojanern – nur Achills Lanze kann er nicht führen. Er tötet die Feinde reihenweise, die Trojaner fliehen, und Patroklos und seine Männer stehen bereits vor den Mauern Trojas, die sie erklettern wollen. Doch nun werden sie von Apollon zurückgedrängt. Er raubt Patroklos Teile seiner Rüstung und verletzt ihn, sodass Hektor leichtes Spiel hat, den Mann zu töten, den er noch immer für Achill hält.

»Nicht du«, stößt der Sterbende noch hervor, »nein, Zeus und Apollon haben mich getötet.«

Es kommt zu einem heftigen Kampf um die Leiche und die Rüstung des Getöteten, den die Griechen nur knapp für sich entscheiden können.

Als die griechischen Kämpfer zu Achill kommen, um ihm mitzuteilen, dass Patroklos gefallen ist, gerät Achill außer sich. Er ist nicht einfach nur wütend, er tobt geradezu und wird unglaublich zornig.

»Ich will nicht weiterleben, wenn ich Hektor nicht mit dem Speere durchbohre.«

»Auch du lebst nur kurz«, erklärt ihm die Göttin Thetis, »fällst bald nach Hektor.«

Doch Achill antwortet nur: »Was hocke ich hier noch nutzlos bei den Schiffen?«

Immerhin kann Thetis ihn davon abhalten, sofort loszuschlagen, denn Hektor hat sich vom toten Patroklos Achills Rüstung genommen.

So beauftragt Thetis Hephaistos damit, neue Waffen und eine neue Rüstung zu schmieden.

Außerdem muss sich Achill wohl oder übel erst einmal mit Agamemnon versöhnen, bevor er sich wieder den Reihen der Griechen anschließen kann.

In der Zwischenzeit rücken die Griechen weiter vor.

Hephaistos gegen Skamandros,
Hektor gegen Achill – jede Menge Zweikämpfe

Endlich versöhnen sich Achill und Agamemnon wieder. Das machen sie so, wie sich harte Männer auch heute noch oft versöhnen: Sie mogeln sich an einer Entschuldigung vorbei.

»Ich weiß gar nicht, was mit mir los war ...«

»Das alles für solch einen Blödsinn!«

In der *Ilias* klingt das Ganze etwas poetischer – man konnte ja alles auf die Götter schieben:

> »Mit herzkränkendem Zank uns ereiferten wegen des Mägdleins!
> Hätte doch an den Schiffen der Artemis Pfeil sie getötet ...«
> (*Ilias* XIX, 58–59)
> »... nachdem ich gefehlt und Zeus die Besinnung mir wegnahm ...«
> (*Ilias* XIX, 137)

Als Agamemnon ihm Geschenke und Briseis überreicht und versichert, dass er das Mädchen nicht angerührt hat, strahlt Achill wie ein Schneekönig.

Nun wird es aber Zeit für den Showdown – den Zweikampf aller Zweikämpfe.

Der Kampf zwischen Achill und Hektor wird gleichzeitig ein Kampf der Götter, denn Zeus erklärt, dass er sich weitgehend heraushalten will, weil er weder für die Griechen noch für Troja sein kann. Da versammeln sich die übrigen Götter, aber auch andere Fabelwesen wie Nymphen. Hera, Athene, Poseidon, Hermes, Hephaistos und Thetis stellen sich auf die Seite der Griechen – Ares, Apollon, Artemis, Leto, Skamandros und Aphrodite auf die Seite der Trojaner.

Die Götter werden immer weiter in den Kampf hineingezogen. Sie begnügen sich nicht mehr damit, über sterbliche Stellvertreter einzugreifen, denen sie Anweisungen geben. Sie greifen direkt in den Kampf ein, bis die ganze Erde bebt.

Es ist Poseidon, der ein Erdbeben auslöst, damit Trojas Mauern ins Wanken geraten. Der Unterweltgott Hades fürchtet schon, die Erde könnte aufreißen und die Verdammten könnten aus seiner Höhle entfliehen.

Daraufhin zielt Apollon seine Pfeile auf Poseidon, gleichzeitig greift Athene Ares an, Hera Aphrodite und Hephaistos Skamandros.

Der wird auch von menschlicher Seite bedrängt, denn Skamandros ist gleichzeitig ein Gott und der Fluss Skamander, der sich vom Idagebirge quer durch die Troas direkt an Troja vorbeischlängelt.

Es ist Achill, der immer mehr Trojaner in diesen Fluss treibt und dabei den Flussgott Skamandros verflucht: »Nicht einmal euer Flussgott hilft euch, obwohl ihr ihm so viele Ochsen und Rösser geopfert habt.«

Daraufhin lässt Skamandros sein Wasser anschwellen, und die entstehende Flutwelle hätte Achill sicher mitgerissen. Er wäre jämmerlich ertrunken, wenn Athene ihm nicht geholfen hätte, das Ufer zu erreichen.

Und nun befiehlt Hera Hephaistos, die Ufer des Flusses zu entzünden:

»Brennend standen die Ulmen, die Weidichte und Tamarisken,
 Brennend der Lotos umher, Riedgras und duftender Galgant,
Welche die schönen Gewässer des Stroms weitwuchernd umsproßten …«
(*Ilias* XXI, 350 – 352)

Jetzt sehen alle ein: Es ist Zeit für die endgültige Entscheidung.

In diesem Bewusstsein dringt Achill immer weiter vor, bis er die Stadtmauer Trojas erreicht. Dort, am großen Skäischen Tor, steht Hektor, den Schild gegen die Mauer gelehnt – lässig, cool, würden wir heute sagen. Aber wie bei den meisten coolen Typen heute ist auch Hektors Ruhe nur gespielt. Tatsächlich ist er unsicher und versucht sich mit vernünftigen Überlegungen immer wieder selbst zu überzeugen: »Es ist gut so, dass wir endlich eine Entscheidung herbeiführen.« Als Achill ihm dann allerdings gegenübertritt, ist alle Coolness dahin.

Achills Rüstung glänzt in der Sonne wie ein loderndes Feuer, und als er dann noch seine vor Blut triefende Lanze schwingt, hat Hektor sich nicht mehr im Griff. Er hat

einfach nur Angst, und sein Körper ergreift ganz von allein die Flucht. So schnell seine Rüstung es zulässt, läuft er die Stadtmauer und den Skamander entlang, gefolgt von Achill.

Diesen Lauf versuchte der Troja-Ausgräber Heinrich Schliemann 1868 zu rekonstruieren, indem er vom Skamander aus den Hisarlik-Hügel umlief und dann zum Fluss zurückkehrte – oder war er damals gar nicht am richtigen Hügel? Dazu kommen wir später noch.

Dreimal umrunden Hektor und Achill auf diese Weise die Festungsmauer von Troja. Die Götter sehen zu und blicken fragend zu Zeus. Der weiß nicht, ob er zulassen soll, dass sich die Schlinge endgültig zuzieht. Also nimmt er eine goldene Waage, legt in die beiden Schalen jeweils ein Todeslos für einen der beiden Helden und richtet die Waage aus. Alle Götter schauen gebannt – die Schale mit dem Todeslos für Hektor senkt sich.

Sofort stürmt Athene zu Achill und überbringt ihm die Botschaft: »Hektor wird nicht mehr entkommen, dafür sorge ich!«

Dann nimmt sie die Gestalt von Hektors Lieblingsbruder Deiphobos an und rät dem Helden: »Flieh nicht mehr! Ich stehe dir bei!« Tatsächlich gaukelt Deiphobos alias Athene Hektor aber nur vor, dass sie ihm helfen würde.

Mutig tritt Hektor nun vor Achill und verkündet: »Entweder töte ich dich oder du mich. Wenn ich siege, werde ich deine Rüstung nehmen und deinen Leichnam freigeben. Schwöre, dass du es genauso machst, wenn ich sterbe!«

»Einen Dreck werd ich tun! Mit dir verhandele ich nicht, umbringen werde ich dich mit Athenes Hilfe.«

Im Epos hört sich das dann so an:
> »Hektor, mir nicht, unvergeßlicher Feind, von Verträgen geplaudert!
> Wie kein Bund die Löwen und Menschenkinder befreundet,
> Auch nicht Wölf' und Lämmer in Eintracht je sich gesellen,
> Sondern bitterer Haß sie ewig trennt voneinander;
> So ist nimmer für uns Vereinigung oder ein Bündnis,
> Mich zu befreunden und dich, bis einer, gestürzt auf den Boden,
> Ares mit Blute getränkt, den unaufhaltsamen Krieger!«
> (*Ilias* XXII, 261–267)

Gleich darauf schleudert Achill seinen Speer, doch Hektor kann sich schnell genug ducken. Dann wirft Hektor seinen Speer, der Achills Brust trifft, jedoch an dessen Panzer abprallt. Hektor schaut fragend zur Seite, warum sein Bruder seinen Speer noch nicht wirft. Doch Deiphobos ist verschwunden, und der Held begreift, dass ihm eine Falle gestellt wurde.

In seiner Verzweiflung reist er sein Schwert aus der Scheide und stürzt vor.

Auch Achill geht zum Angriff über – statt seines Schwertes greift er zum Speer, den ihm Athene zurückgegeben hat, und rammt ihn nun in Hektors ungedeckte Stelle am Schlüsselbein. »Du dachtest wohl, in meiner Rüstung, die du Patroklos geraubt hast, unverwundbar zu sein?«

»Nein«, röchelt Hektor, »wirf mich nicht den Hunden und Vögeln zum Fraß vor. Mein Vater wird dir viel Gold für meinen Körper geben.«

Die Griechen hatten nämlich die Vorstellung, der Leichnam müsse als Ganzes verbrannt werden, damit der Verstorbene in den Hades aufgenommen werden konnte.

»Du elender Hund«, faucht Achill, »am liebsten würde ich dich selbst zerfetzen und verschlingen. Kein Gold der Welt wird die Hunde von deinem Kadaver vertreiben.«

Hektor stirbt mit den Worten: »Kann man so kaltherzig sein, ohne von den Göttern bestraft zu werden?«

Im Epos klingt das so:
> »Ach, ich kenne dich wohl und ahndete, nicht zu erweichen
> Wärest du mir, denn eisern ist, trau, dein Herz in dem Busen.
> Denke nunmehr, daß nicht dir Götterzorn ich erwecke
> Jenes Tags, wann Paris dich dort und Phöbos Apollon
> Töten, wie tapfer du bist, am hohen skäischen Tore!«
> (*Ilias* XXII, 356–360)

Achill zieht die Lanze aus der Wunde und nimmt dem Toten die Rüstung ab. Die Griechen kommen und versetzen dem Leichnam Fußtritte.

Nun befestigt Achill Hektors Leiche mit einem Seil an seinem Streitwagen. So fährt er vor der trojanischen Stadtmauer auf und ab, damit die Trojaner sehen können, wie er Hektors Leichnam stundenlang durch den Sand und über Felsen schleift. Nicht nur eine Stunde – nein, zwei, drei, vier ... bis in die Nacht hinein.

Doch seine Rache ist damit nicht befriedigt, er bleibt wütend. Und deshalb lässt Achill den Leichnam nicht einfach zurück, sodass die Trojaner ihn in die Stadt heimholen können, sondern er nimmt ihn mit und legt ihn in der Nähe des griechischen Lagers ab.

Anschließend kann Achill seinen geliebten Patroklos endlich in Würde bestatten. Sein Scheiterhaufen, der 100 Fuß mal 100 Fuß, also 50 Meter mal 50 Meter groß ist (ein Fuß maß in der Antike rund einen halben Meter), wird in Brand gesteckt. Zuvor wurden dem Leichnam vielfältige Opfergaben beigegeben – Amphoren mit Honig und Öl sowie etliche getötete Tiere, darunter vier Pferde.

Nachdem der Scheiterhaufen abgebrannt ist, werden die knöchernen Überbleibsel von Patroklos in ein goldenes Gefäß gefüllt, das in einem aufgeschütteten Grabhügel bestattet wird.

Anschließend folgen die Sportwettkämpfe zu Patroklos' Ehren. Beim Wagenrennen siegt der Held Diomedes – er erhält eine schöne Frau und einen Dreifuß. Beim Ringen sind Odysseus und Ajax gleich gut, der Kampf muss unentschieden abgebrochen werden – beide Ringer erhalten die gleiche Belohnung, einen Dreifuß und eine Frau, die auf den Wert von vier Rindern geschätzt wird. Den Wettlauf gewinnt Odysseus völlig unangefochten, wofür er einen silbernen Krater (so wird eine antike Gefäßform genannt) bekommt. Für das Bogenschießen bindet man eine Taube an einen Schiffsmast; der erste Schütze trifft das Band, die Taube fliegt auf. Darauf legt der nächste Schütze an und trifft das fliehende Tier.

Dann bittet Achill die Fürsten, Helden und seine Myrmidonen zum Leichenschmaus. Als alle satt sind, wälzen sie sich träge in den Dünen. Nur Achill nicht, sein Zorn flammt erneut auf. Und so schleift er Hektors Leichnam mit seinem Streitwagen dreimal um Patroklos' Grabhügel herum.

Diese Schändungen führt er nicht nur am Tag des Kampfes, sondern die folgenden zwei, drei, vier … neun Tage fort. Doch dafür, dass er seine Rache so unersättlich auskostet, wird er bald von seinem eigenen Schicksal eingeholt und bestraft werden. Auffällig ist, dass die streunenden Hunde und Vögel Hektors Leiche in all den Tagen und Nächten nicht angerührt haben, denn sie verwest und riecht nicht. Dafür hat die Göttin Aphrodite gesorgt. Sie hat den Körper mit ambrosischen Ölen eingerieben, und Apollon hat eine dunkle Wolke über dem Leichnam platziert, sodass die Sonne diesen nicht erreichen kann.

Die Göttin Thetis sorgt schließlich noch dafür, dass Achill am zehnten Tag von Hektors Leichnam ablässt, indem sie zu ihm tritt und auf ihn einredet: »Wie lange willst du noch deinen Zorn ausleben? Leg dich zu einer Frau, denn du wirst bald sterben. Wenn du so weitermachst, bringst du noch alle Götter gegen dich auf!« Da verspricht Achill, ihrem Rat zu folgen.

Daraufhin kann Zeus die Göttin Iris zu Priamos, dem König von Troja, schicken mit der Botschaft, er könne jetzt Hektors Leiche auslösen.

So macht sich Priamos ganz allein mit einem Karren voller Schätze auf ins Lager der Griechen. Als wehrloser Bittsteller liefert er sich ganz dem Wohlwollen der Griechen und Götter aus.

Und seine Rechnung geht auf: Priamos bittet Achill im Namen aller Väter um Hektors Leiche. Achill gewährt sie ihm und spricht im Laufe seiner Rede einen gewichtigen Satz: »Die Götter umspinnen die Menschen mit Fäden des Elends, aber bleiben selbst sorglos.«

In der ganzen *Ilias* werden die Götter ohne Ernst geschildert. Sie streiten sich, betrügen einander und brechen in Gelächter aus – das sogenannte Homer'sche Gelächter. Sie sind mehr oder weniger das Spiegelbild der »menschlichen, allzu menschlichen« Tragikomödie auf Erden.

Warum das so ist und die Götter nicht erhaben, weise oder zumindest Furcht einflößend dargestellt werden, darüber rätseln Künstler und Forscher schon seit Langem. Eine gute Erklärung dafür haben wir schon gehört: In ihnen spiegelt sich die Launenhaftigkeit von Natur und Schicksal.

An den folgenden sieben Tagen herrscht Waffenruhe. In dieser Zeit sammeln die Trojaner eifrig Holz und stapeln damit den Scheiterhaufen für Hektor auf.

Welcher Scheiterhaufen ist am Ende größer – der des Patroklos oder der des Hektor? Das kann keiner der Beteiligten mehr entscheiden.

Mit großem Pomp wird Hektor, der Held und größte Kämpfer der Trojaner, bestattet. Bevor sich schließlich auch Achills Schicksal erfüllt, muss er noch zwei harte Zweikämpfe bestehen.

Nachdem er und sein Kriegsgefährte Ajax in letzter Minute eingreifen mussten, damit die Trojaner das Schiffslager der Griechen nicht völlig überrannten, kommt es zu einem erneuten Zweikampf: Achill gegen Penthesilea. Penthesilea ist eine der sagenumwobenen Amazonen. In ihrem Reich am Schwarzen Meer sind die Frauen die Krieger und Jäger. Um gut mit Pfeil und Bogen umzugehen, haben sie sich sogar eine ihrer Brüste amputieren lassen. Und sie sind die Einzigen in ihrer Zeit, die auf Pferden reiten. Alle anderen Krieger nutzen den Streitwagen, der von zwei Pferden gezogen wird.

Wie bei den meisten der Akteure beginnt auch Penthesileas Beteiligung am Trojanischen Krieg mit einem Fehltritt. Bei der Jagd hat sie versehentlich ihre Schwester getötet. Nun will sie dafür Sühne leisten, indem sie König Priamos und seinem bedrängten Volk im Kampf um Troja zu Hilfe eilt.

Ganz selbstbewusst und erfolgreich kämpft sie in der vordersten Reihe der Trojaner, wo sie sich schließlich dem Zweikampf mit Achill stellt. Penthesilea schleudert ihren Speer, der an Achills Schild zerbricht. Er bohrt daraufhin seine Lanze in ihre Brust, und als sie trotzdem noch zur Streitaxt greift, stößt er noch einmal zu und tötet sie. Doch es tut ihm leid um diese schöne Frau, die im Tode Aphrodite ähnelt, und er sinniert: »Ach, warum musste ich sie töten, statt sie als Frau nach Hause zu führen?« Das wäre natürlich sowieso nicht gegangen, denn Amazonen lassen sich nicht als Weibchen heimführen; sie suchen sich nur vorübergehend einen Mann, um mit ihm Kinder zu zeugen.

Auch den Zweikampf gegen Memnon, einen Riesen, der mit seinem Heer aus Indern und Äthiopiern den Trojanern zu Hilfe eilt, kann Achill für sich entscheiden.

Doch dann urteilt Apollon: »Nun ist Achill berühmt genug für alle Zeiten. Wir wollen seinen Lebensfaden abtrennen.« Poseidon von der Gegenseite stimmt zu, und so lenkt Apollon einen Pfeil des Paris genau in die Ferse des Achill, die – wir erinnern uns – verwundbar ist. Eben die sogenannte Achilles-Ferse.

Nicht nur Hektor und Achill zahlten mit ihrem Leben, im zehnten Kriegsjahr ist auch Paris an der Reihe. Ohne Achill beginnen die Griechen zu verzweifeln – besonders darüber, wie Paris' Pfeile weiter Verderben unter sie bringen. Daher suchen sie Rat beim Seher Kalchas, der die Worte der Götter vernimmt: Nur Philoktetes, der Bogenschütze mit der eiternden Wunde, ist in der Lage, Paris zu überwinden. Deshalb holen sie ihn von seiner einsamen Insel – er flucht natürlich ohne Ende, trotzdem ist er bereit, seinen Job zu erledigen.

Hier sehen wir wieder das fragwürdige Zeitgefüge im Mythos: Während die Schlacht stattfindet, fährt schnell ein Schiff hinüber zu Philoktetes' einsamer Insel und holt ihn ins griechische Schiffslager.

Und nun geschieht Folgendes: Mit dem Bogen, der einst Herakles (besser bekannt als Herkules) gehörte, schießt Philoktetes Pfeile ab, deren Spitzen das tödliche Gift der Lernäischen Schlange tragen. Die Pfeile suchen sich ihren Weg durch die Schlacht, finden Paris, und gleich zwei davon verwunden ihn.

Nun hat Paris eine Wunde, die nicht heilen will. Aber sie eitert nicht nur, sondern das Gift schwächt seinen Körper zusehends. Paris weiß keinen anderen Rat und schleppt sich ins nahe Idagebirge zu Oinone, seiner ersten Ehefrau, die er wegen Helena verließ. Er bittet sie um Verzeihung und Hilfe, doch sie weist ihn kalt zurück: »Geh doch zu Helena!«

Unversorgt muss Paris schließlich sterben. Kaum ist er tot, kommt es zwischen den beiden verbliebenen Söhnen von Priamos zum Streit: Beide – Helenos und Deiphobos – beanspruchen Helena für sich!

Die schöne Helena jedoch will keinen von beiden, sie will zurück nach Sparta, zurück zu Menelaos. Als sie fliehen will, wird sie von Deiphobos gestellt; er zwingt sie zur Heirat. Daraufhin verlässt Helenos, der auch Seher ist, Troja und geht ins Idagebirge. Als die Griechen davon erfahren, schicken sie Odysseus, um Helenos gefangen zu nehmen und ins Lager zu bringen. Dort wird er gefoltert, und man verspricht ihm gleichzeitig, er werde ein neues Heim bekommen, wenn er reden würde.

Schließlich gibt er das geheime Orakel preis, das Troja bisher vor seinem Untergang gerettet hat.

Drei Bedingungen sind nötig, um Troja zu besiegen: Erstens sollen die Gebeine des Pelops (er ist der Großvater von Agamemnon; nach ihm wurde die Peloponnes benannt) ins Lager der Griechen gebracht werden. Zweitens soll Achills Sohn Neoptolemos am Kampf teilnehmen.

Wieder einmal sehen wir hier die eigenartige Logik des Mythos: Zu Beginn des Krieges war Achill noch ein milchgesichtiger Jüngling, der unter Mädchen lebte, zehn Jahre später hat er einen erwachsenen Sohn. Jedenfalls kostet es viel Mühe, Neoptolemos dazu zu bringen, in der Rüstung seines Vaters an der Seite der Griechen zu kämpfen.

Drittens sollen die Griechen einen Kultgegenstand aus Trojas Tempel rauben: das Palladion der Athene (ein lebensgroßes Kultbild der Göttin). Odysseus schleicht sich als Bettler in die Stadt, heißt es in der einen Fassung. Durch unterirdische Gänge kommt er zum Tempel, erzählen andere. Jedenfalls bringt er das Palladion an sich.

> **Trojanisches Pferd – Danaergeschenke**
>
> »Trojaner« nennt man heute vor allem solche Computerviren, die PCs ahnungsloser Internetbenutzer befallen, deren Programme manipulieren und für ihre Zwecke einsetzen. Zurück geht diese Bezeichnung auf das Trojanische Pferd – jenes übergroße hohle Holzpferd, angefüllt mit griechischen Kämpfern, das die Trojaner ahnungslos in ihre Stadt gezogen haben sollen.
>
> Da die Griechen (Danaer) es als unheilbringendes Geschenk für die Göttin Athene und die Trojaner zurückließen, spricht man auch von dem »Danaergeschenk«.
>
> Aber war es wirklich ein Pferd? Oder ist das nur eine bildliche Umschreibung? Das Pferd ist auch das Symbol des Poseidon, und der kann Erdbeben auslösen. Manche Forscher glauben deshalb: Es war ein Erdbeben, das Troja den Untergang brachte.

Obwohl die Griechen alle drei Bedingungen des Orakels erfüllen, können sie die Stadt immer noch nicht einnehmen. Sie wollen nun endgültig aufgeben, ihre Sachen packen und heimsegeln. Aus Respekt vor dem Götterurteil sowie als Bitte um eine sichere Heimfahrt beschließen sie schließlich, ein Opfergeschenk für Athene am Strand zurückzulassen.

Da kommt dem listigen Odysseus eine völlig verrückte Idee. Eine Idee, die das Eingeständnis der Niederlage ins Gegenteil verkehren soll. Eine List, um Trojaner und Götter gleichermaßen zu täuschen.

Odysseus gibt dem Handwerker Epeios genaue Bauanweisungen. Und nun endlich kommt es zur Geschichte mit dem Trojanischen Pferd.

Muss diese Geschichte überhaupt noch erzählt werden?

Nein, muss sie nicht! Denn »Trojanische Pferde« werden bis heute, mittlerweile im Internet, eingesetzt.

Von der *Orestie* bis zu Aeneas

Einzelne Aspekte des Trojanischen Krieges, seiner Vor- und besonders seiner Nachgeschichte haben viele antike Dichter aufgegriffen. So schildert Euripides in *Die Troerinnen* das Schicksal einiger trojanischer Frauen und Helenas nach dem Untergang der Stadt.

Aischylos berichtet in der *Orestie*, wie Agamemnons Kinder den Meuchelmord an ihrem Vater rächen.

Die Ereignisse von Hektors Bestattung bis zum Fall Trojas hat der griechische Dichter Quintus von Smyrna im 4. Jahrhundert nach Christus in seinem breiten Epos *Posthomerica* (»Nachhomerisches«) zusammengefasst.

Während der Glanzzeit des Römischen Reiches (um 20 v. Chr.) entwarf der Dichter Vergil sein Epos *Aeneas*, in dem er in zwölf Gesängen den Kampf um Troja, den Untergang, die Flucht von Aeneas aus der brennenden Stadt sowie die Irrfahrten schildert, die den Helden schließlich nach Latium führen, wo er zum Gründungsvater von Rom wird.

Die Eroberer müssen für die Zerstörung Trojas einen hohen Preis zahlen: Viele kommen während der Heimfahrt oder bei der Heimkehr ums Leben – wie Agamemnon. Dessen Frau Klytaimnestra war immer noch wütend auf ihn, weil er bereit gewesen war, die gemeinsame Tochter Iphigenie zu opfern. Außerdem sind zehn Jahre eine lange Zeit. Aus welchem Grund auch immer: Klytaimnestra nahm sich einen Geliebten – und wie es im Drama nun einmal ist, ausgerechnet den von Agamemnon verjagten Aigisthos.

Nachdem Agamemnons Heer Troja erobert und zerstört hat, segelt es zurück nach Mykene. Agamemnon ist so glücklich, nach Hause zu kommen, dass er sorglos ist und in eine Falle von Aigisthos tappt, die ihn sein Leben kostet. Doch Agamemnon wird gerächt: Seine Tochter Elektra sinnt auf Rache und stiftet ihren Bruder Orest dazu an, die Mutter zu ermorden.

Und dann sind da noch Odysseus und der Priamos-Sohn Aeneas, die es an ferne Küsten ... – aber das sind schon wieder ganz andere Geschichten, die uns in die Geheimnisse der Abenteurer und Entdecker entführen.

Bringen wir es noch einmal auf den Punkt: Erstens wird in der *Ilias* der Untergang Trojas nur in Vorahnungen angedeutet, denn der Gesang berichtet ja nur von 51 Tagen im letzten Kriegsjahr.

Zweitens sind auch die Krieger nicht so, wie wir sie uns gern vorstellen würden. Sie kämpfen nur, wenn sie gerade Lust dazu haben. Sie fühlen sich nicht immer der gemeinsamen Idee verpflichtet, sondern müssen immer wieder bei ihrer Ehre gepackt werden, um sich in den Kampf zu stürzen.

Drittens – ganz wichtig: Die *Ilias* berichtet nicht von der Liebe des Paris zu seiner Helena – das ist nur der Anlass für diesen Krieg. Die *Ilias* berichtet vor allem vom

Zorn des Achill. Zorn, Stolz, Ehre, Kampfbereitschaft und Selbstbehauptung – das sind die Tugenden, die die Kämpfer auszeichnen. Siegen ist ihnen auf jeden Fall wichtiger als Fair Play!

Und schließlich und endlich zahlen die Griechen für ihren Sieg über Troja einen hohen Preis: Viele erreichen ihre Heimat nicht mehr, auf andere wartet eine böse Überraschung. Manchmal sind solche Schicksalsschläge eine Art ausgleichende Gerechtigkeit, aber bei anderen Gelegenheiten würfeln die Götter einfach!

Das ultimative Troja-*Troia*-Truva-Hisarlik-Blog
Teil II

Ein Gang auf den Spuren von
Heinrich Schliemann

Grabungsgelände *Troia*/Hisarlik im Hochsommer

Mit dem Essen und Trinken war ich heute beim Frühstück noch vorsichtig – ich beließ es bei Çay und einem Sesamkringel. Aber meine eindringliche *Ilias*-Lektüre versuchte ich gleich unter die Leute zu bringen. Dieses Mal landete ich an dem Tisch einer Historikerin und eines Philosophen.
»Mit Achill und Odysseus hat Homer die Prototypen des abendländischen Helden geschaffen«, begann ich. »Achill ist doch wohl der Terminator der Griechen. Ein Superman, den nur die Götter stoppen können.«
»Superman«, entgegnete die Historikerin, »ist das nicht der Gute, der eigentlich von einem anderen Planeten kommt, unsterblich ist und der sich als braver Durchschnittsmensch tarnt?«
»Ja, genau!«, bestätigte der Philosoph.
»Dann ist er eigentlich kein Held im klassischen Sinn!«
»Warum nicht?«, fragte ich, und die Historikerin antwortete: »Ein Held ist ein Sterblicher, der um jeden Preis Ruhm erringen will, weil ihn nur der Ruhm unsterblich werden lässt.«

»Ja, die Aufgabe frisst den Helden quasi auf, zerrt auch noch das letzte bisschen Energie aus ihm heraus«, ergänzte der Philosoph. »Er opfert sich, oder er ist kein Held!«

»Also gab es Helden nur auf dem Schlachtfeld?«, konterte ich.

»Zu Homers Zeiten konnte man sich nur im Kampf beweisen«, warf die Historikerin ein. »Aber schon bald kamen die Olympischen Wettspiele auf und boten die Möglichkeit, in sportlichen Wettkämpfen vergleichbaren Ruhm zu erlangen.«

»Aber heute gibt es doch auch Helden!«, hakte ich nach.

»Na ja«, meinte der Philosoph, »hinzugekommen sind weitere Betätigungen für Helden wie Pop-Musiker, Börsenmakler, Playboys oder Unternehmensgründer, die in kurzer Zeit zu Milliardären werden. Doch auch in unserer Welt gilt: Unsterblichen Ruhm müssen die Helden mit einem baldigen Untergang oder ihrem Tod bezahlen. Ehemalige Helden, die nicht früh sterben, sondern alt, grau und klapprig werden, verlieren ihren Ruhm wieder. Heute wollen die Medien Helden machen, doch sie vergessen, dass das Leben von Helden drei Akte hat. So behauptet es zumindest

die Psychologie. Demnach haben erstens alle Helden frühkindliche Schwierigkeiten erlitten und leiden unter Bindungsverlust. Sie denken die ganze Zeit: ›Keiner hat mich lieb!‹ Und diesen Verlust wollen sie wieder wettmachen, narzisstisch überbieten, wenn man so will, indem sie etwas ihrer Ansicht nach Großartiges in die Wege leiten mit dem Hintergedanken: ›Die ganze Welt wird mich mögen für die große Tat, die ich tue!‹ Dann, im zweiten Akt, kommt der ganz große Auftritt, gefolgt vom tragischen Untergang oder dem langsamen Verblassen des Ruhmes. Man kann auch vereinfacht sagen: Aus glücklichen Jungen werden in der Regel keine Helden.«
Die Historikerin ergänzte: »Doch in unserer Zeit wird häufig nur der zweite Teil des Heldentums betrachtet. Nur Boulevard-Medien begleiten ihre Stars auch gern durch die dritte Phase, an der sich viele Menschen ebenfalls ergötzen können.«

Meine Gesprächspartner luden mich zu einem Spaziergang um den Hisarlik-Hügel herum ein. »Wir wandeln jetzt auf den Spuren Schliemanns«, deutete die Historikerin geheimnisvoll an.
Und in der Tat, kaum hatten wir den Vorplatz der Grabungsstätte mit seinen zwei Cafés verlassen, machten wir auch schon die erste Entdeckung: Direkt am Osthang des Hisarlik-Hügels – für die Touristen nicht einsehbar – lag eine Ansammlung kläglicher Hütten, die aus Ästen, Pappe, Plastikplanen und Wellblech gefertigt waren. Es handelt sich dabei um die Unterkünfte von Wanderarbeitern, die die Baumwollernte einbringen. Es sind überwiegend Pflückerinnen, die sich auf den Baumwollfeldern der Ebene in gebückter Haltung von Pflanze zu Pflanze vorarbeiten. Ohne Maschinen eine schmerzhafte Tätigkeit. Für die Pflanzer ist das allerdings viel billiger als der Einsatz von Maschinen.
»An dieser Stelle erstreckten sich noch zu Schliemanns Zeiten weite Sumpfgebiete. Während der Grabungen hatten seine Arbeiter mit der Malaria zu kämpfen«, erklärte die Historikerin, während wir weiterspazierten. »Heute ist die gesamte Troas trockengelegt und wird weitgehend landwirtschaftlich genutzt.«
Ich schaute zurück: Mit etwas Abstand sah der Hisarlik-Hügel aus dieser Perspektive so aus, als wären nicht gerade Dutzende von Forschern mit ihren Helfern dabei, ihn freizulegen. Er bildete nur eine unschuldig wirkende Erhebung, die von Gräsern und Sträuchern bedeckt war. Wie ich bei der Wanderung erfuhr, gibt es zahlreiche weitere von diesen Hügeln auf der Troas.
»Ich habe ja jetzt eine Menge über die *Ilias* gelesen«, erklärte ich meinen Begleitern, »aber ich weiß nicht so recht, was uns das Werk heute eigentlich noch sagt.«

»Ich glaube, man kann mit Recht sagen, dass es für die Sinnlosigkeit aller Kriege steht!«, urteilte die Historikerin. »Jeder der Helden hat am Ende einen hohen Preis gezahlt. Achill und Hektor mussten sterben, Troja ging unter, viele Griechen konnten nicht mehr in ihre Heimat zurückkehren, sie wurden sogar in der Fremde bestattet.«

»Nein! Nein! Nein!«, widersprach der Philosoph heftig. »Warum war sie dann die Lieblingslektüre von so vielen Kriegern und kämpferischen Rittern im Mittelalter? Von Griechen und Römern in der Antike über Offiziere der europäischen Armeen der Neuzeit bis hin zum Ersten und Zweiten Weltkrieg – alle haben die *Ilias* verschlungen. Ich glaube eher, sie steht für die Macht der Gewalt und die Willkür des Sieges. Auch die Suche nach Troja begann mit Männern, die nach den Wurzeln ihrer Kriegsbibel fahndeten.«

Auf dem Feldweg stießen wir auf eine Landschildkröte, die vergeblich versuchte, sich ins Gebüsch zu verkriechen. Wir stellten ihr nach, woraufhin sie Kopf und Beine einzog.

»Zu Schliemanns Zeiten«, kommentierte die Historikerin, »waren diese Tiere hier so zahlreich, dass der pfiffige Kaufmann gleich einmal durchrechnete, wie viele von ihnen zwei Arbeiter wohl in acht Stunden einfangen könnten und wie viel Gewinn man damit in Athen machen könnte. Nur aus Zeitmangel hat er die Sache nicht weiter verfolgt.«

Geschickt nahm der Philosoph den Faden auf: »Und in diesem Moment entscheiden wir, ob die Schildkröte weiterleben darf oder in unseren Suppentopf wandert. Wie beim Krieg, so geht es auch im Alltag, viel öfter als wir denken, um die Macht über Leben und Tod. Deshalb hat Gewalt etwas Grausig-Faszinierendes.«

»Wie meinen Sie denn das?«, fragte ich dazwischen.

»Wir sind zwar auch geistige Wesen, aber unsere Existenz ist an unseren Körper, an die physische Präsenz gebunden, an die Allmacht des Körperlichen; deshalb steht Gewalt auch heute wieder im Mittelpunkt unserer Aufmerksamkeit. Du oder ich? Wer kennt das nicht aus dem Alltag? Da stellt sich ein Mitschüler, der viel größer und schwerer ist als man selbst, in den Weg: ›Hier kommst du nicht durch!‹ Alle Verweise auf die Menschenrechte, die Schulordnung oder Fairness helfen nicht – diese 20 Kilogramm Mehrgewicht an Physis zwingen dem Schwächeren ihren Willen auf. Und das einfach so. ›Weil ich es kann!‹, sagt in irgendeinem Film ein Mörder zum Kommissar, als der nach dem Grund für sein zielloses Töten fragt. Es ist eben Zufall, dass ich mit meinen lächerlichen 40 Kilogramm und ohne Freunde im Hintergrund diesem 60-Kilogramm-Monster über den Weg laufe, das gerade jemanden ärgern will. Bei den Älteren in unserer Gesellschaft wird dieser Kampf mit anderen Mitteln ausgefochten, zum Beispiel mit Autos. Zurzeit läuft gerade das Geländewagenspiel.«

»Wie geht das denn?«

»Niemand braucht bei uns wirklich einen Allradantrieb«, griff die Historikerin das Thema auf. »Doch der Geländewagen ist schwerer, er ist besser vor kleinen Zusammenstößen geschützt und kann mit seinem Allradantrieb viel mehr Kraft entfalten. Außerdem sitzen die Fahrer höher als die in den normalen Pkw. Warum fahren Leute in der Stadt Geländewagen? Weil dieser Wagentyp physische Macht demonstriert; er signalisiert: ›Ich könnte dich kleinen Pkw-Fahrer an den Straßenrand drücken. Ich werde das mit allergrößter Wahrscheinlichkeit aber nicht tun, sondern mich an die Straßenverkehrsregeln halten (an die meisten jedenfalls). Dennoch: Ich könnte, wenn ich wollte. Also solltest du mich nicht durch Hupen oder doofe Blicke reizen.‹ All das kann man mitteilen, ohne es sagen zu müssen. Einfach nur durch das entsprechende Auto.«

»Ja«, stimmte der Philosoph zu und ergänzte, ohne die Historikerin anzugucken: »Deshalb fahren besonders Frauen gern Geländewagen. Ähnlich müssen früher die ersten Kämpfer mit Schwertern und Rüstungen aus Eisen durch die Lande gezogen sein. Sie sandten damit die ständige Warnung aus: ›Legt euch nicht mit uns an!‹ Die Friedensbewegung wollte aus allen Menschen friedliche Lämmer machen, doch die Menschheit hat zu lange als Jäger gelebt, die Aggressionsbereitschaft steckt tief in uns. Wir müssen lernen, damit umzugehen. Andernfalls kann Gewalt zur Droge werden.«

Nun wechselte die Historikerin abrupt das Thema: »Abgesehen von den Trockenlegungen hat sich die Topografie dieser Landschaft in den letzten 3000 Jahren kaum verändert. Deshalb konnte Schliemann, die *Ilias* als Reiseführer benutzen.«

»Wenn er denn bei seiner ersten Reise überhaupt hier war!«

Langsam kamen wir der Stelle näher, an der quer zum Feldweg eine Gebüsch- und Baumreihe verläuft.

»Dieses Unterholz weist wie vor Urzeiten auf das Ufer des Skamander hin«, erklärte unsere Begleiterin, »und wird bei Homer mehrfach beschrieben:

›Brennend standen die Ulmen, die Weidichte und Tamarisken,
Brennend der Lotos umher, Riedgras und duftender Galgant,
Welche die schönen Gewässer des Stroms weitwuchernd umsproßten ...‹«

Von seinem Ufer aus – das weiß sogar ich inzwischen – startete die berühmte Verfolgungsjagd der *Ilias*. Achill, die Dampframme der griechischen Angreifer, forderte Hektor, den Sohn von König Priamos, zum Zweikampf heraus. Doch der nahm Reißaus. Dreimal umrundeten die beiden die Festungsmauer der Stadt.
»Diesen Lauf versuchte Schliemann zu rekonstruieren, indem er vom Skamander aus den Hisarlik-Hügel umlief und dann zum Fluss zurückkehrte«, fuhr die Historikerin fort und zog ein kleines Buch aus der Tasche, aus dem sie zitierte: »Nach einem dreiviertelstündigen Marsche längs des Flusses kam ich wieder an die Stelle, von wo ich ausgegangen war und von wo nothwendiger Weise Achilleus ausgehen musste, wenn er geradeaus längs der Mauern von Troja nach dem Skäischen Thore hin lief. Ich hatte im Ganzen zwei Stunden gebraucht, um den Platz im Kreise zu umgehen.« So also schilderte es Schliemann selbst. Möglich wäre die Ortung nach den Angaben Homers immerhin gewesen: Die Troas hat sich in den letzten 3000 Jahren, von verlandeten Buchten abgesehen, wenig verändert. Die fruchtbaren Täler des Skamander und des Simoeis sowie sanfte Ausläufer des Idagebirges bestimmen die Landschaft noch heute.
Und dann beglückte uns schließlich auch noch der Philosoph mit einer Rezitation: »Athena rief, indem sie bald an dem Rande des vor dem Walle der Griechen gezogenen Grabens sich aufhielt, bald an dem widerhallenden Ufer. Von der anderen Seite stieß Mars, ähnlich der finsteren Sturmwolke, ein helles Geschrei aus, den Trojanern bald von der Höhe der Stadt gebietend, bald auf Callicone, in der Nähe von Simoeis laufend.« Dabei strahlte sein Gesicht!
Wie Schliemann folgten wir dem ausgetrockneten Skamander-Bett, bogen aber nicht nach einer Dreiviertelstunde Richtung Hisarlik-Hügel ab, sondern wählten einen Feldweg, der uns zum Meeresufer mit seinen vielen Grabhügeln bringen sollte. Ich betrachtete die Umgebung und versuchte, mir alles genau vorzustellen. Schliemann hat später immer wieder behauptet, die landschaftlichen Hinweise in der *Ilias* hätten ihm den entscheidenden Beweis dafür geliefert, dass Troja nicht auf dem Festungsberg Pinarbasi, sondern auf dem Hisarlik-Hügel gestanden haben muss. Doch die Historiker zweifeln an dieser These. Möglich wäre es durchaus, wie wir selbst gesehen haben.

Aber hat Schliemann wirklich bei seiner ersten Reise diese Ortung vorgenommen, oder hatte er wie alle anderen Reisenden nur den benachbarten Pinarbasi-Hügel besucht?

Schliemanns Reisebuch aus dieser Zeit bleibt an dieser entscheidenden Stelle ungenau. Hat Schliemann selbst geforscht oder die entscheidenden Hinweise von dem britischen Diplomaten Frank Calvert erhalten?

Ich stellte die nächstbeste Frage, die mir einfiel: »War Schliemann denn auch ein Held?«

»Schliemann war kein Held – eher ein Hochstapler! ... Er wollte einer sein, sich selbst zu einem machen ...«, engagierte sich die Historikerin.

»Er war ein Held für das Bildungsbürgertum des 19. Jahrhunderts«, erwiderte der Philosoph. »Er war reich geworden und wollte sich mit dem Geld endlich seinen Traum erfüllen.«

»Den Traum, Troja zu finden?«

»Nein, berühmt zu werden! Troja hat jemand anderes gefunden.«

»Wenn der Hisarlik-Hügel denn überhaupt Troja ist!«

Es folgte ein regelrechter Schlagabtausch zwischen der Historikerin und dem Philosophen, und dabei fielen immer mehr große Namen:

»Schon Herodot hat gesagt ...«

»Alexander der Große jedoch ...«

»Und was hat Mehmet der Eroberer getan?«

Währenddessen erreichten wir ein kleines Dorf mit einer Asphaltstraße. Die Häuser der Troasbewohner, fast ausschließlich Bauern und Fischer, wirkten äußerst karg, nackter Beton und Ziegelmauern, kaum eine Wand war weiß getüncht. Nur hier und da war etwas »Luxus« zu entdecken: ein geriffelter Säulenstumpf – sicherlich Marmor – wurde als Amboss benutzt. Und ein Altarfragment war zu einer Viehtränke umgebaut.

»Keine Angst«, beruhigte uns gleich die Historikerin. »Die Bauern haben nicht etwa das *Troia*-Grabungsgelände geplündert. Nein, die Troas birgt antike Siedlungen in Hülle und Fülle, Griechen und Römer haben hier riesige Stätten errichtet. Jeder Sturzregen wäscht auf Feldern und an Hängen neue Funde frei.«

Kurz hinter dem Dorf endete die asphaltierte Straße, und ein Feldweg mit Schlaglöchern so groß wie Granattrichter begann. Kein Wunder, dass diese Gegend weitestgehend unberührt bleibt. Nur zwei Kilometer vom Hisarlik-Hügel entfernt, würde jeder Pkw hoffnungslos stecken bleiben.

Was auf der Karte wie eine kleine Wanderung von fünf Kilometern aussah, entpuppte sich plötzlich als Halbtagesmarsch. Immer wieder wurden wir von unserem Ziel, der Küste, abgelenkt, denn hier richten sich die Wege nach den Erfordernissen der Landwirtschaft, nicht nach der kürzesten Strecke zum Strand. Schließlich liefen wir über die Felder, einen Grabhügel – die Historikerin vermutete den Demetrios-Tepe – als Orientierungspunkt nutzend. Von dort eröffnete sich ein herrlicher Blick: Das Meer funkelte wie Tausende von Spiegelscherben in der Sonne, ein endloser Strand erstreckte sich zu meinen Füßen, und der Wind pfiff mir um die Ohren. Nur das Tuckern des Motors eines Fischerbootes erreichte mich. Das kleine Boot wollte in die Meerenge einlaufen und kämpfte gegen die starke Strömung und den Wind – so muss es wohl schon zu Zeiten des legendären Troja gewesen sein.

Von unserem Standpunkt aus war auch zu erkennen, dass die Troas von natürlichen Barrieren umgrenzt wird: die Ägäis mit der Beşik-Bucht im Westen, die Dardanellen-Meerenge im Norden und das Idagebirge im Osten.

Wir folgten dem Ufer Richtung Süden. Die Wanderung führte über den endlosen, völlig verwaisten Sandstrand, was im Sommer mittlerweile auch in der Türkei ungewöhnlich geworden ist. Die einzigen Spuren menschlichen Wirkens auf den

nächsten Kilometern waren reichlich Treibgut und hin und wieder eine Bunkeranlage aus dem Ersten Weltkrieg mit eingerostetem Geschütz. Auf einem war sogar noch der Aufdruck »Krupp 1898« lesbar.

Die Beşik-Bucht, die früher einen natürlichen Hafen bildete, ist heute weitgehend verlandet. Eine Reihe Eichen kennzeichnet aber den Strandverlauf zu archaischen Zeiten.

»Hier muss das Schiffslager der Griechen gelegen haben«, erklärte die Historikerin.

»Wenn der Trojanische Krieg denn überhaupt stattfand«, wiederholte sich der Philosoph.

»Immerhin hat der Archäologe Manfred Korfmann, noch bevor er in *Troia* zu graben begann, mit seinem Team hier ein griechisches Gräberfeld gefunden«, konterte die Historikerin. »Und es stammt dazu auch noch aus der richtigen Zeit.«

»Ja, irgendeinen Trojanischen Krieg hat es hier gegeben«, gab der Philosoph schließlich zu.

Es dämmerte schon, als wir in einem kleinen Dorf direkt an der Küste eintrafen. Dort setzten wir uns in eine Teestube, deren Besitzer uns Çay brachte.

»Nach Truva!«, versuchte die Historikerin zu erklären.

Er nickte verständnisvoll, als wollte er sagen: »Natürlich, was sollte ein Tourist auch sonst hier wollen?«, und verschwand. Unterdessen füllte sich der Laden.

»Es ist überall in der Türkei so«, erläuterte der Philosoph, »das Dorf kann noch so klein sein, es gibt mindestens zwei Teestuben, damit die älteren Männer, die den großen Teil des Tages damit verbringen, in der Teestube zu sitzen, auch einmal die Möglichkeit haben, ihren Standort zu wechseln.«

Die einheimischen Besucher starrten uns an und lächelten, und wir lächelten zurück.

Ohne Bestellung brachte uns der Wirt schließlich weitere Teegläser und deutete auf einen Mann im Sonntagsanzug, der am Nachbartisch saß und uns zunickte. Und während wir auf eine Art Wunder oder zumindest eine Mitfahrgelegenheit warteten, schwadronierten meine beiden Begleiter wieder über alle möglichen Geschichten rund um Homer und Troja.

Einiges davon habe ich behalten, da fielen zum Beispiel so Äußerungen wie: »Wir wissen nicht, wie die Menschen damals dachten. Wir wollen immer Ursache und Wirkung wissen, weil wir an die Logik glauben, auf Naturwissenschaften und Maschinen vertrauen, aber wie dachten die Menschen vor unserer Epoche, in mythischen Zeiten? Für sie war viel mehr möglich: Die Welt war beseelt. Ihre eigenen Gefühle konnten sie kaum beherrschen. Das waren die Götter in ihrer Brust – wie beispielsweise Achills Zorn … .«

»Guten Tag! Guten Tag!«, begrüßte uns plötzlich ein Mann in Arbeitskleidung, der auf einmal neben uns stand. Anscheinend war er geholt worden.

Der Philosoph erklärte ihm die Situation. Er überlegte einen Moment.

»Dolmuş nix mehr fahren!« Er überkreuzte dabei die Arme. »Nix mehr fahren. Aber kein Problem! Truva – kein Problem!«

Nachdem er sich erkundigt hatte, aus welchen deutschen Städten wir kommen, und uns stolz erklärte, er habe einige Jahre in der Autostadt Wolfsburg gearbeitet, bestellte er uns noch eine Runde Tee und ging zurück an seine Arbeit.

So langsam machte mich der viele Tee unruhig, und ich schaute mich um. Ein armes Dorf: Seit zwei Stunden war kein Wagen durch die Hauptstraße gefahren, und eine Heerschar Gänse hielt die Hauptstraße besetzt. Ein Traktor scheuchte die Gänse auf und hielt vor der Teestube. Der Wirt kam an unseren Tisch und zeigte auf den Traktor.

»Truva!«

Das Trinkgeld, das der Philosoph ihm noch schnell zustecken wollte, wies er empört zurück. Zu dritt auf dem Traktor-Beifahrersitz wurden wir ordentlich durchgeschüttelt und landeten schließlich völlig erschöpft in unserem Hotel.

Herodot, Pinarbasi, Calvert, Beşik-Bucht – mir schwirrt der Kopf.

Ohne die Geschichte von *Troia*/Ilion nach dem Trojanischen Krieg bis zu Schliemann zu kennen, kann man hier nicht mitreden!

So, das muss genügen für heute. Hier wartet nämlich schon wieder jede Menge Lektüre auf mich, und zudem wollen mir ein paar Sätze aus unseren Gesprächen nicht mehr aus dem Kopf gehen: »Die Legende, Schliemann habe Troja entdeckt, hält sich leider immer noch hartnäckig.« – »Ja, und er habe das alles mit der *Ilias* in der Hand gefunden! Ha, ha, ha!« – »Genau! Weil nach dem sagenhaften Krieg die ganze Stätte für über 3000 Jahre von der Bildfläche verschwunden gewesen sei!«

Die Zeit der Abenteuer und Irrfahrten

Vom listenreichen Odysseus über den Rom-Gründer Aeneas und Europas Adel bis zum schlitzohrigen Schliemann

Die Helden Homers wollten eigentlich keine Abenteurer sein, wie wir sie kennen und lieben. Sie wollten keine unbekannten Länder oder Völker entdecken, sondern sie zogen nur aus, um Ruhm und Reichtum zu erlangen. Ihr eigentlicher Wunsch war es vielmehr, zu Hause zu sein und für ihren Mut bewundert zu werden. Und erst recht nach dem ungewohnt langen Trojanischen Krieg wollten alle Helden nichts anderes als nur in ihre Heimat zurück. Die meisten der Überlebenden konnten das wohl auch, einige erwartete allerdings zu Hause Unheil. Auch Odysseus wollte möglichst schnell zurück zur Insel Ithaka, wo er König war und seine Frau Penelope und sein Sohn Telemach auf ihn warteten.

Doch Odysseus – so schildert es uns Homer – wurde zum Abenteurer wider Willen, denn er hatte sich den Meeresgott Poseidon zum Feind gemacht. Und der nutzte nun seine Kräfte, um mit Stürmen und widrigen Winden das Schiff mit Odysseus und seinen Kameraden immer weiter vom Heimatkurs abzubringen. Eine Irrfahrt nennt man auch heute noch eine »Odyssee«.

Ihr Schiff – so wird es heute rekonstruiert – wurde über die offene See nach Nordafrika (zur Insel Djerba) umgelenkt, dann irrte es lange Zeit zwischen den Küsten Korsikas/Sardiniens, dem italienischen Festland und Sizilien hin und her, bis es schließlich den Ausweg – über einen Abstecher an die Meerenge von Gibraltar – nach Griechenland zurückfand.

Odysseus wurde aber vor allem deshalb zum Abenteurer, weil er sich gegen das Schicksal wehrte, das ihm die Götter zudachten. Er wehrte sich mit den ihm eigenen Waffen: Verstand, Einfallsreichtum und Durchhaltevermögen.

Sein Verstand ist es, der auf der langen Irrfahrt immer wieder herausgefordert wird. Als die Schiffe von Odysseus und seinen Kameraden das sogenannte Land der Lotosesser erreichten, konnten viele der Versuchung nicht widerstehen und aßen von den süßen Früchten – und sie vergaßen alles um sich herum. Der nüchterne Odysseus ließ sie mit Gewalt an Bord bringen. Als sie auf einer Insel der Kyklopen vom einäugigen Riesen Polyphem gefangen wurden und der sie der Reihe nach verspeisen wollte, raubte Odysseus ihm nicht nur das Augenlicht, er verriet seinem Opfer auch: »Ich heiße Niemand!« Als Polyphem schließlich seine Kyklopen-Freunde mit den Worten »Niemand hat mich geblendet!« zu Hilfe rief, da blieben sie daheim. Als die Zauberin Kirke auf der Insel Aiaia seine Gefährten in Schweine verwandelte und Odysseus in Liebeswahn versetzte, gelang es ihm nach einem Jahr, seinen Verstand zurückzugewinnen und seine Heimreise fortzusetzen.
Er überstand sogar einen Abstieg in den Hades, die griechische Unterwelt, wo er seine inzwischen verstorbene Mutter und seine toten Kameraden traf und von ihnen Ratschläge für die Weiterfahrt erhielt.

Schließlich konnte er mit einer List die Insel der Sirenen passieren, die mit ihrem unwiderstehlichen Gesang Seefahrer auf die todbringenden Klippen lockten. Seine Kameraden mussten sich Wachs in die Ohren stopfen. Er selbst ließ sich an den Mast des Schiffes fesseln, damit er dem Gesang lauschen konnte, ohne ihm zu verfallen.

So führten ihn seine List und gelegentlich die Hilfe der Götter in zehn Jahren zurück nach Ithaka. Dort erschlug er seine Widersacher und lebte glücklich und zufrieden – der Bann war gebrochen.

In den folgenden Jahrhunderten mussten alle griechischen Herrscher und Adeligen die Entwicklung von »Achill« zu »Odysseus« durchmachen. Sie mussten lernen, ihren Verstand einzusetzen, um im gemeinsamen Interesse zu handeln und zu herrschen, denn spätestens ab 800 vor Christus wuchs die Bevölkerung Griechenlands schnell an.

Aus den vielen kleinen Lokalfürstentümern entstanden größere Stadtstaaten wie Athen und Sparta, die im ganzen östlichen Mittelmeerraum Kolonien wie Milet oder Izmir errichteten. Nun zählten nicht mehr so sehr die Kampfstärke und der Mut der Herrscher, sondern ihre Zuverlässigkeit und die Sicherheit, die sie ihren Untergebenen und Verbündeten geben konnten.

Die Griechen veränderten sich, aber an ihren Heldengeschichten – besonders an denen von Achill, Agamemnon und Odysseus – hielten sie fest. Ihre gemeinsamen Götter und Helden feierten sie an gemeinsamen Orten mit Festen und Wettbewerben – so entstanden in dieser Zeit die Spiele von Olympia.

Auch die küstennahen Gebiete der Troas wurden nach und nach besiedelt mit Städten wie Neandria, Tenedos, Achilleion und Sigeion. Nur den Ort in Sichtweite der Dardanellen-Meerenge, den sie »Ilion« nannten, sparten sie lange Zeit aus.

Achill der Held – Odysseus der listenreiche Abenteurer

Achill erfüllt nur sein Schicksal. Er weiß von Anfang an, dass er einen frühen, ruhmreichen Tod erleiden wird. Er setzt sich nicht dagegen zur Wehr, sondern lebt seine Gefühle aus. Erst als Patroklos von Hektor erschlagen wird, wird sein Zorn auf Agamemnon überboten von seiner Trauer um Patroklos und seinen Zorn auf Hektor – er kämpft wieder. Er handelt impulsiv, er sieht keine Alternative. Deshalb sagen einige Psychologen: Er hat noch kein »Ich«!

Ganz anders dagegen Odysseus. Er verkörpert den neuen Typ Mensch, der gegen sein Schicksal ankämpft. Er schlägt nicht einfach drauflos, sondern nutzt seinen Verstand: Odysseus überlistet Achill, als der sich als Mädchen verkleidet vor den griechischen Verbündeten versteckt. Er heckt den Plan mit dem hölzernen Pferd aus. Und er kann sich selbst verleugnen, wenn es ratsam ist. So schleicht er sich als Bettler nach Troja, um das Palladium zu stehlen.

Er kann sich verleugnen, ohne sich zu verlieren, denn sein »Ich« weiß jederzeit, wer er ist und was er will.

Ilion im 8. Jahrhundert vor Christus.

Zwischen den Ruinen einer gut ummauerten, vor langer Zeit untergegangenen Siedlung liegen nur ein paar verstreute Hütten. Die Menschen, die hier wohnen, können nicht einmal verhindern, dass die Bewohner des benachbarten, mit Athen verbündeten Sigeion kommen, einfach Teile der alten Stadtmauer abbrechen und als Baumaterial wegschaffen.

Das Einzige, was hier funktioniert, ist das Heiligtum, das südwestlich der alten, noch immer gewaltigen Burgmauer steht. Aber was heißt schon »Heiligtum«? Es handelt sich um zwei Altäre unter freiem Himmel, die immerhin von einer kleinen Mauer umgrenzt werden.

Hier verehren sie ihre Helden Achill, Agamemnon und Odysseus. Und dabei werden sicherlich immer wieder ihre Geschichten erzählt.

Aber nicht nur hier. An allen großen Heiligtümern wie Olympia oder Delphi wurden bei den großen Festen neben den sportlichen Wettkämpfen auch Wettkämpfe im Vortragen von Dichtkunst durchgeführt. Besonders beliebt waren dabei Geschichten von Achill, Agamemnon und Odysseus, die auf diese Weise sicherlich immer weiter »in Form« gebracht wurden.

In dieser Zeit fasste jemand die vielen Geschichten um Achill, Hektor und Odysseus in zwei großen Epen – der *Ilias* und der *Odyssee* – zusammen. Jemand, der die Ruinen von Ilion und deren Umgebung sehr genau kannte! War es wirklich der blinde Dichter Homer, der im 8. Jahrhundert vor Christus vom listigen Odysseus, der schönen Helena und dem Zweikampf zwischen Achill und Hektor berichtete? Oder waren es ein oder mehrere andere unbekannte Poeten?

So viel kann hier schon verraten werden: Darüber streiten die Wissenschaftler ohne große Aussicht auf einen gemeinsamen Nenner, denn es fehlen jegliche Beweise für oder gegen Homer. Und über Homer selbst wissen sie so gut wie nichts. Immerhin einigte sich die Mehrheit der Forscher darauf, dass die beiden Epen in der zweiten Hälfte des 8. Jahrhunderts vor Christus (um 750 bis 720 vor Christus) entstanden sein müssen.

Die Griechen gehen davon aus, dass ihre Helden Achill, Agamemnon und Odysseus wirklich gelebt haben. Sie sind Teil ihrer Vergangenheit.

Auch Herodot, der Vater der Geschichtsschreibung, vertrat die Meinung, dass der Trojanische Krieg ein historisches Ereignis war. Er rechnete sogar nach und fand heraus, dass die Kämpfe um 1250 vor Christus stattgefunden haben mussten. Mehr als 400 Jahre vor Homer!

Schon die Griechen der klassischen Antike – in der Zeit nach Homer – brachten ihre Homer'schen Helden mit der mykenischen Zeit in Verbindung. Sie hatten die Legenden ihrer Helden im Kopf, und sie sahen in ihrer Umgebung die alten verlassenen Burgen. Die hatten nicht nur in Mykene, sondern auch im benachbarten Tiryns und Pylos und im entfernten Athen die Zeiten überdauert. Es waren gigantische Festungen, die aus gewaltigen Gesteinsquadern auf Anhöhen erbaut worden waren. Wie konnten Menschen solche Bauwerke hoch oben auf Berghöhen errichten? Die Griechen schlussfolgerten: Die Helden, die solche Burgen hatten bauen können, mussten Riesen gewesen sein!

Zudem fanden sich auch noch riesige Knochen in der Nähe mykenischer Burgen. Heute geht man davon aus, dass sie wahrscheinlich von urzeitlichen Tieren wie Mammuts oder Walen stammten, doch die Griechen waren der Meinung, dass es sich

Die Epochen der griechischen Geschichte
- ca. 3100 bis 1450 vor Christus: minoische Kultur auf Kreta, den Kykladen und der Peloponnes
- 1600 bis 1100 vor Christus: mykenische Kultur im gesamten griechischen Ägäisraum
- ca. 1250 vor Christus: Zerstörung Trojas und Untergang der mykenischen Palastkultur
- Bis ca. 800 vor Christus folgt das sogenannte Dark Age, das Dunkle Zeitalter. Die alten Herrschersitze werden aufgegeben und die Kultur zerfällt.
- Ab ca. 800 vor Christus entstehen neue Stadtstaaten, und die Griechen beginnen, die Küsten Kleinasiens und Süditaliens zu kolonisieren. Kulturell spricht man von der archaischen Zeit, allerdings sind die Übergänge fließend.
- um 500 vor Christus: Beginn der klassischen Antike. In Athen werden die Tyrannen gestürzt, und die Stadt erhält eine demokratische Verfassung. In den folgenden Kriegen gegen die Perser einen sich die griechischen Stadtstaaten und siegen, doch schon nach wenigen Jahrzehnten der wirtschaftlichen und kulturellen Blüte bekämpfen sie sich im sogenannten Peloponnesischen Krieg (431 bis 404 vor Christus) und im anschließenden Korinthischen Krieg (395 bis 386 vor Christus). Danach sollte Athen seine einstige Stärke nie mehr erreichen.

um Knochen ihrer mykenischen Vorfahren, den besungenen Helden, handelte. Den Griechen wurde dadurch klar: Ihre Vorfahren in der Zeit der Helden waren nicht nur charakterliche, sondern auch körperliche Riesen, sie selbst dagegen waren verweichlicht und geschrumpft. Daher beteten sie an den mykenischen Gräbern in Form von Ritualen die alten Helden an: »Agamemnon, Achill, Odysseus – steht uns bei!«

Die Frage dagegen, ob Ilion wirklich auch nachprüfbar der Ort war, an dem das Troja des Priamos lag, wurde nur von wenigen gestellt. Es gab zwar einzelne antike Gelehrte, die Troja an anderen Stellen der östlichen Mittelmeerküste vermuteten; und es gab Lokalpatrioten, die behaupteten, ihr Heimatort sei der wahre Austragungsplatz von Homers *Ilias*. Aber der Großteil der Menschen stellte sich diese Frage gar nicht, das war einfach nicht so wichtig!

Die Griechen verehrten hier ihre Helden. Durch die Tempelanlagen und Rituale war die Anwesenheit der Götter gesichert. Diese wiederum garantierten, dass dies der richtige Ort war, um die Helden und ihre Götter zu verehren. Zudem stärkten die vielen großen Feldherren, Politiker und Herrscher, die hier der Homer'schen Helden gedachten, diese Gewissheit.

Griechen gegen Barbaren

Mitte des 6. Jahrhunderts vor Christus eroberten die Perser Kleinasien und damit auch die Troas. Für deren Bevölkerung änderte sich zunächst wenig, doch 480 vor Christus erschien der Perserkönig Xerxes mit der Absicht, auch das griechische Stammland zu erobern. Und dann geschah das Erstaunliche: Auch der Perser Xerxes stellte sich in die Tradition des Trojanischen Krieges – allerdings auf die Trojanische Seite.

»Xerxes stieg hinauf zur Burg des Priamos; er hatte Verlangen, sie zu sehen. Als er alles gesehen und gehört hatte, opferte er der Athena Ilias tausend Rinder, die Magier spendeten den Heroen Trankopfer«, berichtet der Chronist der Perserkriege Herodot (*Historien* 7, 43).

Hat dieser Opferkult geholfen? Immerhin gelang es trotz der starken Strömung, die selbst die schweren Schiffe einige hundert Meter abtreibt, eine Ponton-Brücke zu errichten, auf der die gewaltige Perser-Armee die Dardanellen-Meerenge trockenen Fußes überqueren konnte, berichtet Herodot. Heer und Flotte der Perser befanden sich nun in griechischen Hoheitsgebieten.

Kriege wurden zu dieser Zeit nicht mehr von tapferen Einzelkämpfern wie den griechischen Helden, sondern von mobilen Kampftruppen in der Stärke mehrerer Tausend Mann entschieden. Sie kämpften für Großreiche, die sich nur durch ständige Expansionen am Leben hielten.

Die Griechen dagegen lebten noch in Stadtstaaten, die sich eher stritten, als zusammengingen. Doch ihre Freiheit konnten sie nur verteidigen, wenn sie bereit waren, sich zusammenzuschließen. Zur wirklichen Gemeinschaft wurden sie erst jetzt, als sie von einem mächtigen Feind bedroht wurden.

Außerdem machten sie diese Auseinandersetzungen zu einer Art Glaubensangelegenheit: Auf ihrer Seite standen Kultur und Freiheit, ihre Feinde stempelten sie einfach zu Barbaren ab. Die Perser repräsentierten alles kultur- und moralose Nichtgriechische. Später wurde der Orient, ganz Asien, zum Gegenpol des zivilisierten Okzident.

HERODOT

Die Wirkung der *Ilias*: West gegen Ost

Was Homer und die vielen an der Entstehung beteiligten unbekannten Dichter nicht im Geringsten ahnen konnten, war, wie sehr sie mit ihren Heldenschilderungen die abendländische Kultur der folgenden rund 3000 Jahre prägen würden – im Guten wie im Schlechten. Eine der zentralen Ideen war dabei die Sammlung der eigenen Kräfte gegen die fremde Bedrohung aus dem Osten.

In der *Ilias* werden die Trojaner noch nicht Barbaren genannt. Die späteren Griechen hingegen verstanden die Entwicklung folgendermaßen: zunächst Griechen gegen Trojaner, dann Griechen gegen Perser, Römer gegen Parther und Sassaniden (Nachfolger der Perser) und Byzantiner gegen Osmanen. Schließlich wurde daraus Abendland gegen Morgenland.

Mit dieser Strategie hatten die Griechen Erfolg. Völlig überraschend schlugen sie sowohl das persische Heer in der Schlacht bei Marathon (490 vor Christus) als auch die persische Kriegsflotte bei Salamis (480 vor Christus).

Xerxes trat schließlich den Rückzug an. Doch die Troas blieb in persischer Hand, auch wenn die Griechen dort wohnen bleiben und ihren Kult in bescheidener Weise fortsetzen konnten. Das änderte sich erst mit Alexander dem Großen.

334 vor Christus: Mit rund 37 500 Mann starken Kampftruppen und einem dazugehörigen Hofstaat setzt Alexander der Große über die Dardanellen-Meerenge.

Der junge Feldherr hat die bis dahin permanent untereinander zerstrittenen Griechen hinter sich vereint. In der Mitte des Hellesponts opfert er dem Gott Poseidon, und kurz vor der Landung wirft er einen Speer in den Boden Asiens. So kann er behaupten: Ich habe das Land mit dem »Speer erworben«, also durch die Macht der Gewalt in Besitz genommen.

Alexander springt als Erster und mit voller Rüstung von Bord. An der Stelle, an der sein Fuß das asiatische Land berührt, werden Altäre für Athena und Herakles errichtet, weitere Opfer auf Ilion und am Achill-Tepe folgen. Und er befiehlt, in Ilion einen Tempel für Athena errichten zu lassen. Ein ganz schönes Pflichtprogramm, doch mit diesem umfangreichen Ritus stellte sich Alexander ganz bewusst in die Tradition des Mythos und suchte Anschluss an die Heldentaten des Trojanischen Krieges.

Hier hatten vor Jahrhunderten die Heroen gekämpft. »Damit aber wurde nun auch dieser Krieg in den grundsätzlichen Konflikt zwischen Hellenen und Barbaren, zwischen Europa und Asien hineingestellt«, urteilt der Alexander-Biograph Hans-Joachim Gehrke.

Alexander verdrängte die Perser aus Kleinasien, besiegte sie in ihrer Heimat – dem heutigen Iran – und zog metzelnd und erobernd bis nach Indien. Unter mysteriösen Umstanden starb er schließlich auf dem Heimweg in Babylon. Seine Generäle, die Diadochen, stritten ein halbes Jahrhundert um die Aufteilung des von ihm eroberten Reiches, doch Ilion war davon nicht betroffen: Der Tempel, den Alexander in Auftrag gab, nahm Gestalt an. Am höchsten Punkt von Ilion wurde ein 10 000 Quadratmeter großes Plateau errichtet und darauf ein riesiger Tempel, von dorischen Säulen umrandet.

Aeneas und Roms trojanische Wurzeln

Novum Ilium (Ilion) 50 nach Christus. Der römische Bade- und Pilgerort liegt genau an der Stelle, an der die Griechen im 8. Jahrhundert vor Christus Ilium zum Andenken an ihre antiken Helden errichtet hatten.

Novum Ilium heißt nichts anderes als »neues Troja«. Warum das denn?

Wir müssen gleich hervorheben: Die Römer waren sehr empfänglich für die griechische Kultur. Griechische Kunst, griechische Philosophie und griechische Götter fanden sie unwiderstehlich. Die Römer waren gute Militärs, gute Baumeister, gute Strategen, aber ihre Kultur konnte mit diesen Leistungen nicht Schritt halten, und so kam es, dass sie viel aus den Kulturen und Religionen der Länder übernahmen, die sie überfielen und zu ihren Kolonien machten.

So war auch auf nicht näher erklärbare Weise die Legende entstanden, die Gründung Roms gehe auf die Trojaner zurück. Aeneas gehörte laut Homer zum Herrschergeschlecht Trojas, denn er war der Sohn von Anchises und der Göttin Aphrodite. In der *Ilias* spielt er nur eine Nebenrolle, doch in der Fantasie der Römer entkam er dem Untergang der Stadt und wurde zum Stammvater Roms.

Außerdem ließ sich mit dieser Vereinnahmung erklären, warum sie die Griechen, deren Kultur sie ja so liebten, überfallen und unterworfen hatten. So urteilt der Kulturhistoriker Tony Perrottet: »Die Idee, man müsse Troja rächen, war eine mächtige Propagandawaffe bei der römischen Eroberung des griechischen Ostens gewesen.«

Aber was ist dann mit der Geschichte von Romulus und Remus? Wer war denn nun Stadtgründer: Aeneas oder die von einer Wölfin aufgezogenen Zwillingsbrüder?
Rom soll um 753 vor Christus gegründet worden sein: *Sieben – fünf – drei – Rom schlüpft aus dem Ei!* Aeneas muss aber viel früher gelebt haben – die Griechen gehen von einem ungefähren Zeitraum von 1250 bis 1100 vor Christus für den Trojanischen Krieg aus, also 400 bis 500 Jahre früher.
Lauter Ungereimtheiten, bis schließlich während der Glanzzeit des Römischen Reiches (um 20 vor Christus) der Dichter Vergil Ordnung in die Angelegenheit brachte. Sein Epos *Aeneas* schildert in zwölf Gesängen, wie all die Geschichten schön ordentlich nacheinander passierten.
Ausführlich beschreibt Vergil den Kampf um Troja und den Untergang der Stadt. Aeneas ist der Einzige aus dem Trojanischen Herrschergeschlecht, der unbesiegt die brennende Stadt verlassen kann, dabei trägt er seinen Vater Anchises auf den Schultern.
Er kann eine Schar von trojanischen Kämpfern um sich versammeln, und gemeinsam fliehen sie auf schnellen Schiffen Richtung Samothrake. Doch düstere Vorzeichen geben ihnen zu verstehen, dass sie weiter von der Göttin Hera verfolgt werden.
Sie fliehen, und die Göttin sorgt dafür, dass Aeneas und seine Kameraden umherirren. Vergils Schilderungen ähneln merkwürdigerweise in vielen Punkten den Abenteuern des Odysseus.
Die Helden landen im nordafrikanischen Karthago (heute in Tunesien), wo sich die dortige Königin Dido unsterblich in Aeneas verliebt und nach dessen Abreise Selbstmord begeht. Schließlich führen Schicksal und Götter Aeneas an die italienische Küste. Doch auf dem Weg dorthin gelangt Aeneas in die Unterwelt – den Hades –, wo er Dido wiedertrifft, die sich aber von ihm abwendet. Mit Hilfe eines magischen Mistelzweiges kann Aeneas wieder ins Reich der Lebenden zurückkehren. Dort führen ihn die Wege nach Latium, dessen König ihn als Gast willkommen heißt. Ja, Aeneas kann sogar dessen Tochter Lavinia heiraten, nachdem er in einem Zweikampf seinen Nebenbuhler Turnus ausgeschaltet hat. Und nun gründet er nicht etwa Rom, sondern dessen Vorläuferstadt Lavinium.

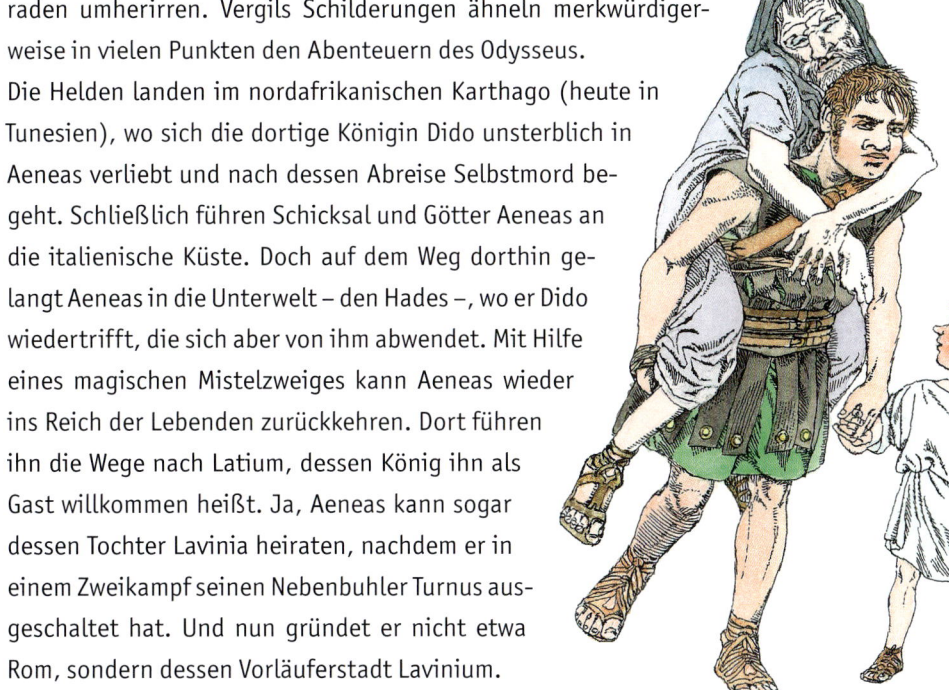

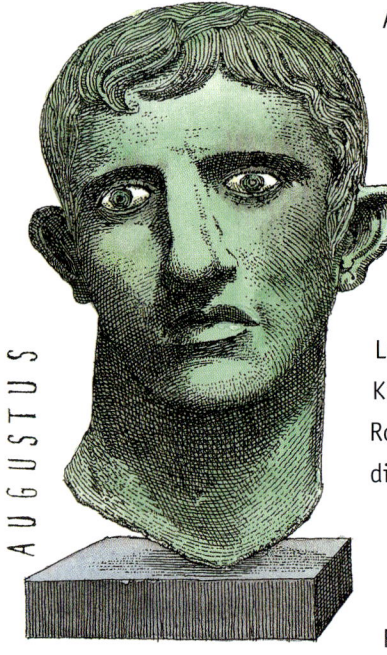

AUGUSTUS

Aeneas hat zwei Söhne: Julus und Silvius – diese gründen Alba Longa, die Mutterstadt Roms. Und Silvius hat einen Sohn Aeneas Silvius ... es folgen 13 weitere Generationen. Erst dann erblicken Romulus und Remus das Licht der Welt. Rechnen wir einmal nach: Gehen wir im Durchschnitt von 25-jährigen Eltern aus, dann machen 15 Generationen 375 Jahre aus, also fast 400. So hat Vergil genau die Lücke zwischen dem vermuteten Datum des Trojanischen Krieges und dem der Stadtgründung Roms gefüllt. Von Romulus und Remus schließlich stammten nach Vergil die römischen Könige ab. Und so konnte sich in der Römischen Republik die Adelsfamilie der Julier rühmen, direkt von den Stadtgründern Roms abzustammen, nämlich vom Aeneas-Sohn Julus. Aus dieser Familie stammte Julius Caesar, der bekanntermaßen die Macht in der Römischen Republik an sich reißen wollte und dafür umgebracht wurde. Sein Adoptivsohn Octavian wurde schließlich der erste römische Kaiser: Augustus. Über die Julier wurde auch er zu einem direkten Nachfahren der Gründer Roms und des trojanischen Königshauses. Eine edlere Abstammung kann es gar nicht geben. Natürlich gehörten Caesar und Augustus zu den ersten römischen Herrschern, die Ilium besuchten und dort opferten und Heiligtümer errichten ließen.

Es waren allerdings lange Zeit auch die einzigen Glanzmomente für Novum Ilium, wenn Herrscher und Feldherren das Dorf besuchten und pompöse Opferfeste stifteten.
Erst Kaiser Augustus ließ aus dem heruntergekommenen Dorf einen schicken neuen Kult- und Badeort machen. Mit großzügigen Geldgaben ließ er Gräber und Tempel restaurieren. Die Bewohner von Novum Ilium wurden von allen Reichsabgaben befreit. Dichter interpretierten in Gedichten und Theaterstücken dieses Ereignis; die feine römische Gesellschaft entwickelte eine regelrechte Troja-Manie. In ihren Hofgärten stellten sie Aeneas-Statuen auf, man unterhielt sich über Details des Trojanischen Krieges und die neusten Troja-Gedichte und -Theaterstücke. »In den ersten zwei Jahrhunderten nach Christus machten so gut wie alle VIPs Roms einen Abstecher nach Neu-Troja – vom Dichter Ovid bis zu Augustus' Tochter Julia, vom

altertumsbegeisterten Prinzen Germanicus bis zum Kaiser Hadrian«, erklärt Historiker Perrottet.

Was erwartete die Besucher hier? Schöne Aussichten auf das Meer gab es auch in der römischen Heimat.

Genau betrachtet war Neu-Ilium eigentlich die größte Mogelpackung im östlichen Mittelmeerraum, denn etwas wirklich Antikes gab es in Neu-Ilium gar nicht zu sehen. Die noch zu Homers Zeit sichtbaren Ruinen und Festungsmauern waren längst von Naturkräften oder Menschenhand beseitigt worden. So wurden neue Tempel, Denkmäler und Altäre errichtet und das Vorhandene etwas angereichert. Auf den Grabhügeln in der Umgebung wurden Statuen der Helden aufgestell: eine für Achill, eine für Ajax, eine für Hektor… Und in den Tempeln wurden kleine Überbleibsel der Heldenzeit ausgestellt: Reliquien – garantiert echt! Bronzene Waffen und Rüstungen wurden als Schild des Achill, Helm des Ajax oder Schwert des Hektor ebenso der Öffentlichkeit präsentiert wie die angebliche Leier, mit der Paris Helena verzauberte.

Noch skurriler: Es wurden die weiter vorne bereits beschriebenen urzeitlichen Riesenknochen ausgestellt, die noch immer den Helden zugeschrieben wurden. So mancher Römer fragte sich allerdings: Ist das alles hier nur Nepp und Lüge? Hat hier wirklich das legendäre Troja gelegen? Vielen war das wohl auch egal, denn neben den Helden Homers wurden hier auch die eigenen römischen Helden, Götter und Herrscher verehrt: der Troja-Sohn Aeneas, die Göttin Juno, der inzwischen zum Gott erklärte Caesar und der sich selbst vergötternde Augustus.

Die folgenden römischen Kaiser führten den Troja-Ilium-Kult weiter, indem sie neue Bauwerke wie Tempel, Heldengräber und ein Theater stifteten.

Römische Geschichte

- 9./8. Jahrhundert vor Christus: erste Siedlung, der Legende nach durch Romulus
- 7. Jahrhundert vor Christus: Die Etrusker beherrschen Rom.
- 509 vor Christus: Vertreibung der Etrusker und Gründung der Römischen Republik
- 340 bis 264 vor Christus: Unterwerfung der Apennin-Halbinsel
- 264 bis 146 vor Christus: In drei Punischen Kriegen wird Karthago geschlagen und vernichtet. Rom kontrolliert den westlichen Mittelmeerraum.
- 51 vor Christus: Caesar unterwirft Gallien.
- 44 vor Christus: Caesar wird Diktator auf Lebenszeit, kurz darauf wird er jedoch ermordet.
- 31 vor Christus: Rom beherrscht den gesamten Mittelmeerraum.
- 27 vor Christus: Beginn der Kaiserzeit mit Augustus und Ende der sozialen Unruhen in Rom
- 64 nach Christus: Christenverfolgung unter Nero
- 395 nach Christus: Teilung in West- und Oströmisches Reich
- 475 nach Christus: Nach Plünderungen durch die Goten und Vandalen bricht das Weströmische Reich zusammen.

Claudius versprach den Einwohnern gar Abgabenfreiheit »auf ewige Zeit«. Und Kaiser Caracalla soll sogar seinen Freund Festus extra nach Novum Ilium eingeladen und umbringen haben lassen, nur um ihn dort zu beweinen, wie es einst Achill mit Patroklos tat.

Der italienisch-stämmige Philologe Fabrizio Brena hat drei Punkte herausgearbeitet, die all diesen Herrschern wichtig waren: Erstens war es die religiöse Opfergabe an die Stadtgöttin Athena Ilias, um zu zeigen, wie fromm man war, und um zu bewirken, dass die Göttin ihre Ziele unterstützte. Zweitens sah man darin eine Verbeugung vor den Helden Homers, deren Gräber man in den aufgeschütteten Hügeln entlang der Dardanellen-Meerenge vermutete. Und drittens verbarg sich dahinter eine Art touristischer Eifer, genau die Orte der einzelnen Handlungen und Kämpfe der *Ilias* zu finden: »Ach, hier war es, wo Achill Hektor stellte ...« Dabei kam es nicht auf den Meter genau an, sondern wichtig war lediglich, dass es irgendwo hier auf der Troas lag. Gekrönt worden wäre die Blütezeit Novum Iliums beinahe durch die Ernennung zur Hauptstadt des Oströmischen Reiches. Im Jahr 326 nach Christus hielt sich der römische Kaiser Konstantin der Große dort auf mit der Absicht, hier seine neue Hauptstadt zu errichten. Er überwachte persönlich, wie die Standorte der Stadttore und der Verlauf der Stadtmauer eingemessen wurden. Angeblich waren schon erste Tore errichtet, als er in einem Traum eine göttliche Stimme vernahm: Nicht Ilium, sondern das am Ausgang des Bosporus gelegene Byzanz (Konstantinopel, heute Istanbul) sollte die Auserwählte sein.

KONSTANTIN D. GR.

Nicht nur in diesem Fall folgte er der göttlichen Stimme, denn er ließ sich auch zum Christentum bekehren. Als dieses um 380 nach Christus offizielle römische Staatsreligion wurde, verbot Kaiser Theodosius der Große sowohl die römischen und griechischen Kulte wie die Olympischen Spiele als auch die Verehrung der Homer'schen Helden, was als heidnisch galt. Sämtliche Kultanlagen in Ilium wurden aufgegeben und zerfielen mit der Zeit, die meisten Einwohner zogen weg. Immerhin blieb Ilium noch lange Zeit Bischofssitz, aber ein völlig unbedeutender abseits der Haupthandelswege.

Eneas und die Ritter –
Sind wir nicht alle Trojaner!?

Trotz des von Kaiser Theodosius erlassenen Verbots der Verehrung der Helden Homers blieb die Geschichte vom Trojanischen Krieg auch im christlichen Mittelalter sehr populär. Nicht weil die Leute weiter Homers *Ilias* und *Odyssee* gelesen hätten. Es gab ja noch keinen Buchdruck und auch für die antiken Autoren interessierte sich zu dieser Zeit niemand mehr. Nein, sie lasen nicht einmal Vergils *Aeneas*. Vielmehr wurde der Kern der Geschichte in neuen dubiosen Geschichtswerken von Gelehrten und Mönchen weitererzählt. So erschien unter dem Pseudonym Dictys Cretensis (Der Kreter Diktys) im 4. Jahrhundert nach Christus ein Werk in sechs Bänden: *Ephemeris belli Troiani*. Angeblich war dieser Diktys ein Augenzeuge, der aufseiten der Griechen im Trojanischen Krieg gekämpft hatte. Im Vorwort wurde erklärt, wie das verschollene Manuskript wiederentdeckt worden sein soll: von Hirten auf Kreta, nachdem ein Erdbeben ein altes Grab aufgedeckt habe.

Knapp 100 Jahre später erschien unter dem Pseudonym Dares Phrygius (der Phryger Dares) das Werk: *De excidio Troiae historia*. Auch diesmal war es angeblich ein Augenzeugenbericht des Trojanischen Krieges, doch aus trojanischer Sicht.

Interessant an beiden Geschichten, die sicherlich von irgendwem sehr lange nach der Zeit des Trojanischen Krieges geschrieben wurden, ist zweierlei: Zum einen nahmen die Menschen diese Geschichten damals ernst. Lange Zeit haben diese Erzählungen sogar als Ersatz für Homers Dichtungen gedient und blieben bis zur Zeit Goethes wegweisend. Zum anderen haben beide Werke die eigentliche Geschichte von Achills Zorn in einem wesentlichen Punkt verändert. Achill soll sich nämlich in Polyxena verliebt haben, die jüngste Tochter von König Priamos. Sie soll seine Liebe sogar erwidert haben, doch als Priesterin der Göttin Athene musste sie Jungfrau bleiben. Und deshalb richtete sich der ganze Zorn des Achill auf Troja, auf Hektor und die Göttin Athene.

Aus der Geschichte vom Zorn des Achill auf seinen Anführer Agamemnon, aus seinem Wissen um seinen ruhmreichen frühen Tod und aus seinem Zorn auf die Ungerechtigkeit der Götter wird nun eine Lovestory: Achill verliebt sich unglücklicherweise in die Tochter seines Gegners (wie konnte er die überhaupt kennenlernen?) und richtet seine Wut gegen alle, die diese Verbindung verhindern.

Obwohl es damals noch keine Vorabend-Daily-Soaps gab, hat da doch jemand versucht, eine Steilvorlage dafür zu schreiben. Der eigentlichen Geschichte wurde jeder Tiefgang genommen, doch das entsprach genau dem Zeitgeist.

Die Geschichten von Vergil, Diktys und Dares wiederum dienten mittelalterlichen Dichtern als Vorlage für immer neue Troja-Romane. Im mittelalterlichen Deutschland entwickelte sich eine regelrechte Troja-Manie: Immer wieder wurde die *Ilias* als Ritterroman neu erzählt. So entstand die Nacherzählung der Nacherzählung der Nacherzählung: Vergil nahm Homers *Odyssee* und erzählte sie so nach, dass Aeneas all die Abenteuer des Odysseus durchstehen musste und am Ende in Italien landete. Ein unbekannter Franzose nahm Vergils *Aeneas* und machte daraus eine Rittergeschichte: *Eneas*. Der niederländisch-deutsche Dichter Heinrich von Veldeke nahm die französische Vorlage und erzählte sie ausladend in der damaligen Volkssprache Mittelhochdeutsch nach. Dieser Roman und seine Helden wurden zum Vorbild für das Verhalten bei Hofe und für die deutsche Ritterschaft. Eneas ist nun ein ritterlicher Held: Er flieht aus Troja, hat eine Affäre mit der Königin von Karthago, Dido, fährt hinab in die Unterwelt und kann daraus zurückkehren. In Italien verliebt er sich erneut – dieses Mal in die Königstochter Lavinia, und mit ihr gründet er eine Festung, aus der einmal Rom werden sollte. »Herr Eneas wurde ein mächtiger König, der ein glückliches Leben führte, denn er liebte seine wunderschöne Frau – vor aller Augen und im Verborgenen –, und das gefiel ihm sehr«, so erzählt von Veldeke. »Er war ein edler König und lebte in großer Pracht. Das bescherte ihm eine gehobene Stimmung und ein fröhliches Herz … Auch Frau Lavinia, seine geliebte Gemahlin, war glücklich … König Latinus behandelte Eneas wie seinen Sohn, denn er war alt und schwach. Er übertrug ihm all seine Macht, Land, Burgen und Vasallen. An einem Platz, der ihm angenehm war, begann der neue König Eneas mit dem Bau einer großen, mächtigen Burg und ließ sie während seiner Regierungszeit gut durch Gräben und Mauern befestigen … Die Burg hieß Alba Longa.«

Damit wurde der ganze Charakter der Heldengeschichten um den Trojanischen Krieg grundlegend verändert. Homers Helden sind mutig, aber auch stolz und rachsüchtig. Und für jeden Sieg, den sie erringen, verlangen die Götter einen hohen Preis. Von Veldekes Held Eneas dagegen ist ein durch und durch guter Mensch und erlebt ein Happy End. Die ganze Erzählung wird auch noch mit mittelalterlichem Beiwerk geschmückt, nämlich mit Vasallen, Rittern und großen Trutz-Burgen.

Damit nicht genug – immer mehr europäische Herrscher und ihre Familien erklärten sich während des Mittelalters zu echten Nachfahren der Trojaner. »Die Trojasage ist im Mittelalter prominent, die Franken leiten sich von einem Francius, Sohn des

Priamos, ab, bei den Briten ist Brito ein Enkel des Äneas; auch für die Normannen und Belgier wird eine trojanische Herkunft erzählt«, erklärt der Troja-Experte und Historiker Justus Cobet.

Nehmen wir als Beispiel die Franken. Sie waren einer von zahlreichen Germanenstämmen, die zur Zeit des Untergangs des Römerreichs entlang des Rheins lebten. Ab Mitte des 5. Jahrhunderts nach Christus begannen sie konkurrierende Stämme zu unterwerfen und ihrem Frankenreich einzuverleiben. Diese germanischen Franken behaupteten irgendwann einfach von Francius, einem Sohn des Priamos, abzustammen, der wiederum Gründer der Stadt Xanten gewesen sein soll. Über die zeitliche Lücke von mindestens einem Jahrtausend machte sich niemand Gedanken, denn die Franken waren erfolgreich, und das war das Einzige, was zählte. Das fränkische Adelsgeschlecht der Karolinger konnte sogar den ersten Kaiser Nordeuropas stellen: Karl der Große, der den Anspruch erheben konnte, über ähnliche trojanische Wurzeln zu verfügen wie die römischen Kaiser.

Wie die Franken erhoben im Mittelalter immer mehr europäische Adelsfamilien den Anspruch, direkt von den Trojanern abzustammen: Sind wir nicht alle Trojaner?

Kehren wir nach Novum Ilium (Ilion) zurück. Im Laufe der Jahrhunderte zerfiel der Tempel- und Badeort am Ausgang der Dardanellen-Meerenge immer mehr. Die Natur eroberte sich den Siedlungshügel zusammen mit vielen anderen Siedlungshügeln in der Troas zurück. Im Sommer kochte die Hitze das Steinwerk und den Lehm, aus dem früher die Häuser gebaut waren, im Winter nagte der Frost an ihnen. Gleichzeitig eroberten Gräser und Buschwerk den Hügel, ihre Wurzeln quetschten sich auch zwischen das Mauerwerk und sprengten es auf. Wind und winterlicher Regen sorgten zusätzlich für Erosion. Der Lehmboden wurde abgetragen und an den Hängen abgelagert, die dadurch immer flacher wurden.

Im 14. Jahrhundert eroberten die Osmanen – die Vorfahren der heutigen Türken – Stück für Stück Kleinasien und ließen sich am östlichen Meerengen-Ufer nieder. 1354, nach einem schweren Erdbeben, setzten sie über die Meerenge und erstürmten ihre erste Bastion auf dem Balkan: Gallipoli. Daraufhin schnitten sie die Byzantiner

KARL DER GROSSE
SILBERPFENNIG 804

89

vom Handelsweg ab, nahmen das weite Hinterland in Besitz, bevor sie sich – 99 Jahre später – an die Eroberung der größten Festung der Welt machten: Konstantinopel.

Auch der Eroberer von Konstantinopel suchte auf der Troas nach Spuren der trojanischen Helden, denn der osmanische Herrscher Mehmet II. (auch Mehmet der Eroberer genannt) war ein gebildeter Mann, der auch die *Ilias* gelesen hatte.

Ein byzantinischer Gelehrter schrieb über ihn: »Er betrachtete eingehend Ilions Trümmer und die Spuren der alten Stadt Troja, ihre Größe und Anlage, die sonstigen Vorzüge des Landstrichs und seine günstige Lage auf dem Land und am Meer. Außerdem aber suchte er auch die Gräber der Heroen auf, ich meine, die von Achilleus und Ajax und den übrigen.« Wir wissen natürlich nicht, wie viel zu dieser Zeit noch von den Ruinen zu sehen war und wo der Gelehrte die Besichtigung einfach beschönt darstellt. Jedenfalls stellte sich auch Mehmet in die Tradition des Trojanischen Krieges: Wie schon der Perser Xerxes sah er sich als Rächer der Trojaner. Er ließ sich ein Lustschloss auf der Troas bauen, um die *Ilias* zu lesen. Dort waren allerdings bald schon keinerlei antike Spuren mehr zu sehen, weder von Novum Ilium noch vom griechischen Ilion und erst recht nicht vom legendären Troja. Kein Wunder also, dass inzwischen auch die weiterhin auf der Troas siedelnden Griechen nicht mehr davon überzeugt waren, dass der Hisarlik-Hügel der Ort war, wo das griechisch-römische Ilion und vielleicht sogar das legendäre Troja gelegen haben sollen. Anders verhält es sich dagegen mit einer Stätte, die weiter östlich, direkt an der Küste lag: Alexandria Troas. Der Ort, der von den Römern errichtet worden war, wies Unmengen von Ruinen auf. Und die Stätte war gut mit dem Schiff erreichbar.

MEHMET II.

Das hatte zwei Konsequenzen: Zum einen hielt man einige Jahrhunderte lang diesen Ort für das antike Troja. Zum anderen wurde hier trotzdem in großem Stil Baumaterial, vor allem marmorne Säulen, ans Ufer transportiert und mit Schiffen in die Städte der Macht befördert – vor allem nach Konstantinopel, das nun Istanbul (Stambul = hin zur Stadt) hieß.

Mit der Ilias als Reiseführer

Die Osmanen hatten mit den byzantinischen Herrschern auch viele griechische Gelehrte aus Konstantinopel vertrieben. Diese waren in die westeuropäischen Metropolen und Klöster geflohen. In ihrem Gepäck brachten sie ihre altgriechische Literatur mit, darunter auch die Werke Homers.

Gut zwei Jahrhunderte später begann in Europa die Aufklärung, und man las wieder antike Autoren. Bereits Ende des 17. Jahrhunderts wurde die *Ilias* das erste Mal ins Deutsche übersetzt. In Großbritannien war es schließlich der Schriftsteller Alexander Pope, der die *Ilias* und die *Odyssee* ins Englische übertrug (1715 – 1726). Er ließ seinem Werk eine Illustration hinzufügen: der Blick auf die Troas aus der Vogelperspektive. Man sieht am Ufer das Schiffslager der Griechen, darüber das Schlachtfeld, das fast kreisförmig von den Flüssen Skamander und Simoeis eingeschlossen wird. Und am oberen Ende dieses Kreises thront das befestigte Troja.

Dieses und ähnliche Bilder prägen sich den Reisenden gut ein. Zwar waren viele Gelehrte in dieser Zeit davon überzeugt, Troja sei ein von Homer erfundener Ort, der nie existiert habe und überall und nirgendwo gewesen sein könnte – ein Utopia, doch das hinderte vermögende Bildungsreisende nicht daran, sich im 18. und 19. Jahrhundert ganz touristisch auf die Suche nach den Originalschauplätzen ihrer geliebten Dichtungen und Geschichtswerke zu machen: nach Griechenland, Kleinasien, Palästina und Ägypten. Die dort herrschenden Osmanen waren nicht mehr der Feind, sondern Verbündete im Kampf gegen die raumgreifenden Russen. Und in der Troas fragten sich die Bildungsreisenden: »Wo lag Troja?« Auf den ersten Karten, die von den Erkundern angelegt wurden, war Troja nur als ein unbestimmter Ort in der Troas-Ebene eingezeichnet.

Das Bild mit der von zwei Flüssen umströmten Festung vor Augen waren es vor allem zwei beieinanderliegende Siedlungsplätze, die man als Troja-Ruine ausmachte. Bei dem einen handelt es sich um Bunarbaschi oder auch Pinarbasi, benannt nach dem naheliegenden Dorf. Auf dieser Anhöhe – der Hügel liegt 13 Kilometer von der Dardanellen-Meerenge und 10 Kilometer vom Ägäischen Meer entfernt – soll die Stadt Troja gestanden haben. Wichtigstes Indiz für diesen Ort: Zwei Bäche umströmen Pinarbasi, die etwas oberhalb zu Füßen eines Festungshügels entspringen. Bei dem anderen der Siedlungsplätze handelt es sich um den Bali Dag. Viele vermuteten, dass hier die Burg des Priamos gelegen habe. So stellten sich die meisten Reisenden Trojas Lage vor, steht doch in der *Ilias*: »Und sie erreichten die zwo schönsprudelnden Quellen, woher sich beide Bäch' ergießen des wirbelvollen Skamandros. Eine rinnt beständig mit warmer Flut, und umher ihr wallt aufsteigender Dampf wie der Rauch des brennenden Feuers; aber die andere fließt im Sommer auch kalt wie der Hagel oder des Winters Schnee und gefrorene Schollen des Eises« (*Ilias* XXII, 147–152).

Auch wenn es die nebeneinanderliegenden warmen und kalten Quellen schon seit der Antike nicht mehr gab, wenn es sie je gegeben haben sollte, und auch wenn in der Troas mehrere Stellen eine ähnliche Topographie aufweisen – wie beispielsweise der weiter nordwestlich gelegene Hisarlik-Hügel –, so wurde die Lokalisierung Trojas von Bildungsreisenden und Gelehrten doch dankbar angenommen. Vermutlich stammt sie von dem französischen Archäologen Jean Baptiste LeChevalier, der 1785 das erste Mal die Troas bereiste. Auf jeden Fall war er es, der diesen Ort als Troja in seiner Karte aufnahm.

Und noch fast ein Jahrhundert später war der deutsche Archäologe Ernst Curtius davon überzeugt: »Dies Quellenpaar ist das unveränderte Naturmal, an welchem die überragende … Stadtburg von Ilion erkannt wird … wo der Ursprung der Quellen, da war der Sitz der Macht … Großartiger war kein Herrschersitz der alten Welt gelegen – tief versteckt und sicher, aber zugleich frei umblickend und weitgebietend.«

Auf den ersten Karten war der Hisarlik-Hügel gar nicht eingezeichnet, tauchte aber Ende des 18. Jahrhunderts auf – jedoch ohne Bezug zu Troja.

Der Hisarlik-Hügel liegt näher am Meer als Pinarbasi: 5 Kilometer von der Dardanellen-Meerenge und 6 Kilometer vom Ägäischen Meer entfernt. Hisarlik heißt einfach nur auf Türkisch »Burghügel«. Bei der Namensgebung irgendwann im Laufe der letzten Jahrhunderte hatten die Menschen der Umgebung schon noch vor Augen, dass hier ein alter Siedlungsplatz war, vielleicht sah man sogar noch Burgmauern, doch im Laufe der Zeit hatte die Natur den Hügel zurückerobert, nur der winterliche Regen legte hier und da Teile antiker Bauwerke frei. Diese Geschenke nutzten die armen Bauern der Umgebung für ihre Zwecke: Harter Marmorstein eignet sich gut als Amboss, kleinere Säulen lassen sich ideal zu Türpfosten und -schwellen verarbeiten, größere Gefäße werden als Brunnen benutzt. Niemand nahm daran Anstoß. Nur einigen europäischen Bildungsreisenden gab dieser Hisarlik-Hügel zu denken. Als dort römische Münzen gefunden wurden, zogen einige Gelehrte den Schluss: Dort muss das römische Neu-Ilium gelegen haben.

Und es war der schottische Zeitungsverleger und Amateurforscher Charles MacLaren, der dann 1824 in einem Essay Hisarlik auch mit dem legendären Troja gleichsetzte – allerdings von seinem Schreibtisch in Schottland aus. Deshalb wurde seine These von manchem Forscher nicht ernst genommen. Doch 1847 konnte MacLaren dann seine These vor Ort überprüfen und war überzeugter denn je. 1863 veröffentlichte er schließlich eine ausführlichere *Beschreibung der Ebene von Troja*.

Wenn jetzt jemand käme und diese Theorie mit dem Spaten überprüfen würde ... dieser jemand kam tatsächlich. Es war jedoch nicht – wie die meisten vielleicht vermuten – Heinrich Schliemann. (Auf den kommen wir gleich noch ausführlich zu sprechen.) Nein, es war Frank Calvert. Das entscheidende Verdienst an der Wiederentdeckung des Hisarlik-Hügels als möglichem Standort von Troja kommt neben MacLaren dem Briten Calvert zu.

Wer war dieser Mann? Frank Calvert hatte den Vorteil, dass er in eine britische Kaufmannsfamilie hineingeboren wurde, die sich im Osmanischen Reich niedergelassen hatte. Deshalb war es für ihn nichts Außergewöhnliches, dass er bereits mit 21 Jahren (1849) an einer ersten Exkursion in die Troas teilnahm. Als er dann als britischer Diplomat tätig wurde, kam er viel mit europäischen Bildungsreisenden in Kontakt. Und durch sie erfuhr er wahrscheinlich von der Suche anreisender Homerfreunde nach Troja und beteiligte sich daran.

1853 brach der Krimkrieg aus – Russland kämpfte gegen die Türken, die von England und Frankreich unterstützt wurden, um die Herrschaft über das Schwarze Meer und die Dardanellen-Meerenge.

Russland? Ja, die Russen waren die letzten Jahrhunderte von ihrem Stammgebiet rund um Moskau und Nowgorod immer weiter nach Süden vorgedrungen. 1690 hatten sie die Schwarzmeerküste erreicht und verfügten damit über einen eisfreien Zugang zu den Weltmeeren, der jedoch durch die Dardanellen-Meerenge führte. Die aber stand seit Jahrhunderten unter der Kontrolle der Osmanen.

Waren früher die Osmanen die erklärten Feinde des Abendlandes, rieben sich Franzosen und Briten im Zeitalter des Imperialismus nun zunehmend an den Russen.

Im Krimkrieg (1853–1856) schließlich unterstützten Großbritannien und Frankreich die Osmanen, indem sie ihnen Soldaten, Waffen und kriegswichtiges Material zur Verfügung stellten.

Während einer ruhigen Phase des Krieges wurden dann rund 150 britische Soldaten, die an der Dardanellen-Meerenge stationiert waren, abkommandiert. Sie sollten Frank Calvert bei seiner Suche nach Troja helfen. Als sie den gewaltigen Hisarlik-Hügel angruben, kamen sofort allerlei menschliche Spuren zutage: Schutt von Bauwerken, Unmengen von Scherben, aber auch einige große Vorratsgefäße. Die besterhaltenen Fundstücke ließ Calvert zu seinem Wohnsitz in Çanakkale bringen. Dann ging der blutige Stellungskrieg weiter ...

Während die Soldaten im Krieg ihr Leben riskierten, wurden daheim in England und Deutschland einige Kaufleute reich, weil sie Ein- und Ausfuhrverbote kriegswichtiger Waren einfach missachteten. Einer dieser moralosen Spekulanten war der junge Heinrich Schliemann.

Ein kleiner energischer Herr
namens Schliemann

Wie kam der Deutsche Heinrich Schliemann nach Sankt Petersburg und von da in die Troas? Wie wurde er Archäologe, wenn er doch eigentlich Kaufmann war? Darüber gibt es verschiedene Geschichten.
Wenn man Schliemann selbst glauben will, dann begann alles bereits in seiner Kindheit: Der Vater habe ihm die Sage von Troja vorgelesen, und Heinrich habe dem Vater erklärt, er werde die Stadt einmal ausgraben.

Tatsächlich war es anders: Obwohl der Vater Pastor in Ankershagen war, trank er maßlos und trieb sich mit anderen Frauen herum. Die Mutter starb vor Gram, als Heinrich neun Jahre alt war. Dem Vater entzog die Gemeinde das Pastorenamt, daraufhin musste der kleine Heinrich die Schule abbrechen und bei einem Krämer in die Lehre gehen.
Er fühlte sich klein und schwach, aber er wollte es der ganzen Welt zeigen.
Das Einzige, was er vorweisen konnte: Er hatte ein auffallendes Talent für Sprachen. Im Laufe seines Lebens lernte er zahlreiche Sprachen, darunter Russisch und Griechisch. Doch »lernen« ist das falsche Wort – er paukte sie sich in nur wenigen Wochen wie ein Besessener ein.
Dank seines Sprachtalents wurde er 1846 nach Sankt Petersburg geschickt. Hier lernte er sehr schnell, wie man zu einem mit allen Wassern gewaschenen Geschäftsmann werden konnte.
Und kaum sah er eine günstige Gelegenheit, schnell zu Geld zu kommen, nahm er sie wahr. Nicht für seinen Dienstherren, sondern für sich selbst. Er kündigte seinen Job, gründete ein eigenes Kontor und verdiente ein kleines Vermögen. Doch dann hörte er von einer Möglichkeit, noch schneller Geld zu verdienen. Er zögerte keinen Moment, sondern reiste dafür, so schnell es ging, um die halbe Welt, denn in Kalifornien wurde Gold gefunden, ganz Amerika befand sich im Goldrausch.
Mit 30 000 Dollar im Gepäck kam Schliemann 1850 in Amerika an. Er grub aber nicht selber nach Gold, sondern gründete eine Goldgräberbank. Weit unter Marktwert kaufte er Gold, zahlte aber in bar und verkaufte das Gold zu Marktpreisen weiter. In kurzer Zeit verdoppelte er so sein Vermögen.
Als Schliemann nach Europa zurückkam, hatte er wieder »Glück«: Gerade brach der

> **Die Schliemann-Legenden (Teil I): Verdrängte Albträume der Kindheit**
> Manche Menschen, die in ihrer Kindheit etwas ganz Schreckliches erlebt haben, können die Erinnerung daran im Laufe ihres Lebens verdrängen und durch eine andere Geschichte ersetzen. Genau das hat Schliemann getan und dann über seine Kindheit erzählt: Der Vater nahm den kleinen Heinrich abends gern auf den Schoß und erzählte ihm Märchen und Geschichten. Besonders hatte es dem Knaben die vom Kampf um Troja, von Paris, der schönen Helena, Agamemnon und Achill angetan. Der Vater schenkte ihm Weihnachten 1829 Jerrers *Illustrierte Weltgeschichte* mit einem Bild vom brennenden Troja. »Niemand weiß, wo es lag?«, fragte Heinrich, und als der Vater nickte, erklärte er: »Wenn ich groß bin, finde ich Troja und den Schatz des Königs.«

Krimkrieg aus, und an Kriegen lässt sich gut verdienen. Schliemann hatte keine Skrupel, Salpeter (den man für die Herstellung von Munition benötigt) an die Russen zu liefern. Er bedauerte nur eines: den Friedensschluss nach drei Jahren. Inzwischen war er mehrfacher Millionär, konnte von den Zinsen leben und sich der eigenen Bildung widmen. Auf nach *Troia*? Nein, auf nach Paris, das damalige Zentrum der Kultur!

Schliemann reiste durch den Nahen Osten und durch Kleinasien, ohne sich für die Stätten Homers zu interessieren. In Sankt Petersburg löste er 1864 endgültig sein Geschäft auf und begab sich auf eine zweijährige Weltreise, die ihn nach Indien, Indonesien, China, Japan und wieder nach Amerika führte – nur nicht in die Ägäis.

1866 – mit 44 Jahren – schrieb Schliemann sich an der Pariser Universität als Student ein: Sprachen, Philosophie und Ägyptologie, aber keine Archäologie. Das beweist: Schliemann dachte bis zum Jahr 1868 nicht daran, Archäologe zu werden. Erst in diesem Jahr, mit 46 Jahren, wandte er sich der Antike und Homer zu. Er brach zu einer Bildungsreise nach Italien und in den Ägäisraum auf. Als »gewöhnlichen Touristen«, der einen »pleasure trip« machen wolle, da ihm die zu wissenschaftlichen Untersuchungen notwendigen Kenntnisse fehlten, bezeichnete er sich selbst zu Beginn seiner Reise.

Spätestens seit MacLaren 1863 in seiner *Beschreibung der Ebene von Troja* die Schlussfolgerung gezogen hatte, dass Troja auf dem Hisarlik-Hügel liegen müsse, war sich Frank Calvert sicher: Er hatte den Burgberg von Troja angegraben und erste Funde freigelegt. In der folgenden Zeit führte er weitere Probegrabungen durch und publizierte seine Erkenntnisse in kleinen Aufsätzen. Gleichzeitig bat er das British Museum in London um Unterstützung und versuchte, weitere Grundstücke auf dem und um den Siedlungshügel herum zu erwerben, doch da die Londoner Wissenschaftler ablehnten, war Calvert mit der Aufgabe, *Troia* zu sichern, finanziell und organisatorisch überfordert. Außerdem war er ja schließlich Diplomat in einer

HEINRICH SCHLIEMANN

schwierigen Zeit an einem gefährlichen Ort.

Einige Jahre später, im Sommer 1868, taucht jedoch ein kleiner unscheinbarer Mann auf der Troas auf.

Wie sah Schliemann aus? Wir haben die Schilderung des britischen Archäologen Flinders Petrie: »Schliemann: Klein, runder Kopf, rundes Gesicht, runder Hut, große runde Glotzaugen, ein ungemein munterer Typ, dogmatisch, aber stets bereit, dazuzulernen.«

Dieser Schliemann hält sich nur wenige Tage auf der Troas auf und besucht den falschen Hügel – Pinarbasi. Trotzdem wird er den Hisarlik-Hügel drei Jahre später ausgraben und aller Welt erklären, er habe Troja gefunden – wie konnte das passieren?

Um diese Frage zu beantworten, müssen wir wieder einmal unterscheiden zwischen den tatsächlichen Fakten und Schliemanns Legenden, die er über sich in Umlauf brachte. Und dabei hilft uns Schliemann selbst, denn das Tagebuch dieser Reise existiert noch und wird heute in der Athener Gennadios-Bibliothek wie ein Schatz gehütet.

Fast vier Monate – von Anfang Mai bis Ende August – war Schliemann unterwegs und nur wenige Tage davon auf der Troas. Kann es stimmen, dass Kleinasien sein »eigentliches« Reiseziel war? Den größten Teil seiner Reise verbringt er nämlich in Italien und schreibt auf Italienisch, ganz der Bildungsreisende.

Rund hundert Tagebuchseiten widmet er den antiken Stätten und Kulturdenkmälern. Er schildert, aus welchem Gestein die Dinge sind, wo was zu finden ist. Detektivisch genau beschreibt er sämtliche antiken Gebäude, von wem erbaut und von wem mit Dekor verziert. Er zählt nur auf, zieht keine Schlüsse. Dann setzt er über nach Griechenland, wo er sich vor allem auf der Insel Ithaka und der Peloponnes-Halbinsel aufhält. Hierüber schreibt er nur 20 Seiten – ihn verlässt langsam die Lust, alles zu beschreiben. Immer öfter kopiert er nur Inschriften, Zeichen und Symbole. Am 5. August 1868 landet er auf Gallipoli, am westlichen Ufer der Dardanellen-

Meerenge. Eine knappe Woche hat er für die Troas angesetzt, und davon verbringt er die meiste Zeit auf Pinarbasi, lässt von einheimischen Arbeitern kleine Probegrabungen vornehmen und begeht immer wieder das Gelände.

Vom Hisarlik-Hügel ist die ganze Zeit über in seinem Tagebuch nicht die Rede! Wenn er ihn überhaupt gesehen hat, dann am 9. August im Vorbeireiten, ohne dass er dabei an Troja gedacht hätte. Er würdigt diesen unbedeutenden Hügel mit keinem zweiten Blick!

Mit Hilfe dieses Tagebuchs lässt sich auch die entscheidende Frage beantworten, ob Schliemann tatsächlich allein mit der *Ilias* in der Hand Troja gefunden hat.

Am 14. August trifft er in Çanakkale ein, der Hafenstadt am Ausgang der Dardanellen-Meerenge. Von hier aus will Schliemann nach Istanbul reisen. Er beabsichtigt tatsächlich, die Troas zu verlassen, ohne den Hisarlik-Hügel näher besichtigt zu haben. Doch er verpasst sein Schiff und muss zwei Tage auf das nächste warten. Zwei nutzlose Tage in dieser mickrigen kleinen Hafenstadt Çanakkale. Der findige Geschäftsmann Schliemann, der neugierig wie eine Maus überall herumschnuppert, dreht auch in dieser verschlafenen Provinzhauptstadt jeden Stein um, auf der Suche nach etwas Interessantem.

Es gibt hier nicht viele Ausländer, und so trifft Schliemann mit dem britischen Diplomaten Frank Calvert zusammen. Der Hobbyarchäologe und ausgezeichnete Kenner der Troas weist auf Hisarlik hin. Er lädt Schliemann in sein Haus ein, zeigt ihm Karten von der Troas und die Funde, die er dort gemacht hat.

Calvert schwärmt von den Grabungsmöglichkeiten am Hisarlik-Hügel. In sein Tagebuch notiert Schliemann über diese Begegnung: »Er [Calvert] rät mir nachdrücklich, dort zu graben. Er sagt, der ganze Hügel besteht aus Siedlungsschichten. Er zeigte mir seine große Sammlung von Vasen und anderen Funden, die er dort während seiner Grabungen entdeckte.«

Am 16. August reist Schliemann zunächst nach Istanbul und dann weiter nach Paris. Während das Dampfschiff die Fluten der Dardanellen-Meerenge durchpflügt, reift in seinem Kopf eine Idee. Er kann es kaum erwarten, am Ziel seiner Reise, Paris, anzukommen. Beinahe wäre er schon zwei Tage früher abgereist, hätte er nicht die Fähre verpasst. Nicht auszudenken! Noch vor drei Tagen war er ein gewöhnlicher Bildungsreisender, doch jetzt hatte er die einmalige Chance, zum großen Archäologen aufzusteigen!

Das genau ist es, was Schliemanns eigentliche Größe ausmachte: Er erkannte seine einmalige Chance, von der Welt anerkannt zu werden.

Jetzt musste alles schnell gehen, er musste handeln, bevor ihm jemand zuvorkam. In Paris macht sich Schliemann sofort an die Arbeit: Er liest Unmengen kulturgeschichtlicher und archäologischer Bücher. Seine Detailkenntnisse entnimmt er fremden Reisebeschreibungen und den Ausführungen Calverts. Bereits vier Monate nach seiner Rückkehr veröffentlicht er sein Reisetagebuch *Ithaka, Peloponnes und Troja. Archäologische Forschungen*. Und damit beginnt sein Tricksen und Täuschen, denn in diesem Buch behauptet er, eigene Beobachtungen und seine genaue Auslegung von Homers *Ilias* hätten ihn Troja entdecken lassen. »Gegen zehn Uhr morgens kamen wir auf ein weit ausgedehntes hochgelegenes Terrain, welches mit Scherben und Trümmern von bearbeiteten Marmorblöcken bedeckt war. Vier einzeln stehende, zur Hälfte im Boden vergrabene Säulen zeigten die Stelle eines grossen Tempels an. Die weite Ausdehnung des mit Trümmern besäeten Feldes liess uns nicht bezweifeln, dass wir auf dem Umkreise einer grossen, einst blühenden Stadt standen, und wirklich befanden wir uns auf den Ruinen von *Neu-Ilium*, jetzt *Hissarlik* genannt, welches Wort *Palast* bedeutet.«

Es stimmt also: Heinrich Schliemann begann seine Archäologiekarriere mit einer dreisten Lüge! Und während er der Welt verkaufen wollte, er habe Troja entdeckt, nahm er gleichzeitig Nachhilfe-Unterricht bei Calvert. In einem regen Briefwechsel mit dem Diplomaten in Çanakkale wollte er alles Mögliche wissen: »Wann ist es am günstigsten, mit der Arbeit zu beginnen?« – »Ich bin sehr anfällig für Fieber; läuft man im Frühjahr große

---

Die Schliemann-Legenden (Teil II): Mit der *Ilias* in der Hand fand er Troja

Bis heute steht die folgende Version in den meisten Archäologiebüchern: Mit der *Ilias* in der Hand durchstreifte der Kaufmann Heinrich Schliemann im August 1868 die Troas. Als er akribisch die Ortsangaben Homers mit den geografischen Gegebenheiten vor Ort verglich, erkannte er: Troja konnte nicht, wie einige Zeitgenossen glaubten, landeinwärts auf dem Festungsberg Pinarbasi liegen, sondern musste sich zwischen den Flüssen Skamander und Simoeis auf dem Hisarlik-Hügel befinden. Den Skamander hatte Homer mehrfach beschrieben:

»Brennend standen die Ulmen, die Weidichte und Tamarisken, / Brennend der Lotos umher, Riedgras und duftender Galgant, / Welche die schönen Gewässer des Stroms weitwuchernd umsproßten; /...« (*Ilias* XXI, 350–352).

Von seinem Ufer aus startete die berühmte Verfolgungsjagd der *Ilias*: Achill jagt Hektor – dreimal umrundeten die beiden die Festungsmauer der Stadt.

Diesen Lauf habe Schliemann nachgestellt, indem er vom Skamander aus den Hisarlik-Hügel umlief und dann zum Fluss zurückkehrte: »Nach einem dreiviertelstündigen Marsche längs des Flusses kam ich wieder an die Stelle, von wo ich ausgegangen war und von wo nothwendiger Weise Achilleus ausgehen musste, wenn er geradeaus längs der Mauern von Troja nach dem Skäischen Thore hin lief. Ich hatte im Ganzen zwei Stunden gebraucht, um den Platz im Kreise zu umgehen.« Pech nur: Schliemann war bei seiner ersten Reise gar nicht auf dem Hisarlik-Hügel gewesen!

Gefahr, davon befallen zu werden?« – »Welche Medikamente soll ich mitnehmen?« – »Muss ich einen Diener mitbringen, oder kann ich einen sehr vertrauenswürdigen in Athen bekommen? Wäre es nicht vielleicht besser, einen loyalen Griechen zu engagieren, der Türkisch spricht?« – »Kann ich genug Arbeiter bekommen?« – »Bitte senden Sie mir genaue Angaben über sämtliche Gerätschaften und alle notwendigen Dinge, die ich mitnehmen soll.«

Gleichzeitig dachte Schliemann: Ein Doktortitel wäre für einen Ausgräber auch nicht schlecht. Also nahm er seinen Reisebericht *Ithaka, Peloponnes und Troja* und reichte ihn zusammen mit einer üppigen Schenkung als Habilitation an der Universität Rostock ein. Angenommen! Manche sprechen deshalb offen davon, er habe sich den »Dr.« einfach erkauft.

Und bereits vor dem ersten Spatenstich auf Hisarlik im Herbst 1871 berichtet er in zahlreichen Zeitschriften von seinen erfolgreichen Grabungen. Doch zunächst reist er noch in die USA. Er wird amerikanischer Staatsbürger, denn so kann er sich schneller und billiger von seiner ersten Frau, der Russin Jekaterina Petrowna Lyshina, trennen. Diese Frau, mit der er drei Kinder hat, hat doch tatsächlich versucht, ihn zu bevormunden. Vor allem kann sie einer Zukunft in Grabungslöchern in abgelegenen malariaverseuchten Regionen nichts abgewinnen.

Also lässt Schliemann sich scheiden und beauftragt gleichzeitig einen befreundeten griechischen Erzbischof damit, sich nach einer jungen willigen griechischen Braut für einen vermögenden älteren Herren, der die griechische Kultur über alles liebt, umzuschauen. Er erhält mehrere Porträts von möglichen Kandidatinnen und entscheidet sich für die schönste und jüngste. Nachdem Schliemann der Engastromenos-Sippe einen hohen Brautpreis versprochen hat, kann er noch im Herbst 1869 die 17-jährige Sophie heiraten.

Hier der Schatz des Priamos,

dort die Totenmaske des Agamemnon

Im Jahr 1870 hielt sich Schliemann in Athen auf. Die Grabungserlaubnis wollte und wollte einfach nicht erteilt werden. Die Mühlen mahlten langsam an der Hohen Pforte – so hieß die Regierung des Osmanischen Reiches, benannt nach dem großen Eingangstor zum Alten Sultanspalast.
Also reiste Schliemann einfach im April allein in die Troas, nahm einige Arbeiter aus einem benachbarten Dorf in seine Dienste und begann zu graben – illegal. Doch bei dieser heimlichen Aktion kam nicht viel heraus. Schliemann beendete sie bald und übte sich in Geduld. Nahezu ein ganzes Jahr dauerte es noch, bis er endlich die Erlaubnis erhielt und offiziell beginnen konnte.

Nach drei Jahren »Vorbereitungszeit« war es im Oktober 1871 endlich so weit. Schliemann begann die Ausgrabungen zunächst mit acht Arbeitern, am nächsten Tag waren es schon 35. Stetig stieg die Zahl, bis er schließlich 160 auf dem und im Hisarlik-Hügel wühlende Männer beaufsichtigte. Parallel dazu setzte er sich selbstgerecht in Szene, versorgte die europäischen Zeitungen mit seinen Grabungsberichten und drängte Calvert immer mehr in den Hintergrund.
Als Calvert sich wehrte, indem er in einem Artikel seine früheren Grabungsergebnisse zusammenfasste und Schliemanns Arbeiten als die Fortsetzung seiner eigenen titulierte, kam es zum offenen Streit zwischen den beiden.
Schliemann geriet schließlich außer sich vor Wut, als Calvert in einem offenen Brief an den *Guardian* 1875 das längst Verdrängte aussprach: »Als ich den Doktor [also Schliemann] im August 1868 zum ersten Mal traf, war ihm der Ort Hisarlik als Platz von Troja neu.«
Schliemann behauptete daraufhin, schon vor seiner Reise in die Troas 1868 Troja lokalisiert zu haben. Der Größenwahn stieg ihm zu Kopf, aber die sensationsbegierige Öffentlichkeit folgte ihm und vergaß Frank Calvert.
Zum Größenwahn Schliemanns gesellte sich eine zweite

Unart: Er war einer der größten Kontrollfreaks seiner Zeit. Noch während er seine Grabungen leitete, schrieb er fortlaufende Tagebücher und Artikel für die *Augsburger Allgemeine Zeitung* und die Londoner *Times*. Allen anderen Grabungsteilnehmern verbot er strikt, über die Entdeckungen zu veröffentlichen. Alle Welt sollte nur das über Troja wissen und denken, was er bestimmte. Nicht nur über Troja – Heinrich Schliemann wollte auch festlegen, was über sein Leben bekannt wurde. So erzählte er den Menschen die Biografie seines Lebens, ließ Unangenehmes weg und schmückte an anderen Stellen aus.

Worüber er natürlich nicht berichtete, war, dass ihn der Mut beinahe schon nach drei Wochen verließ. »Ich glaube jetzt nicht mehr, jemals Troja hier zu finden«, schrieb er in sein Grabungstagebuch.

Gegen alle Ratschläge Frank Calverts entwickelte er dabei einen verhängnisvollen Übereifer: Weil er den Palast des Priamos auf dem Urboden vermutete, zog er einen gewaltigen Graben (heute Schliemanngraben genannt) durch den Hisarlik-Hügel und ließ den »ganzen künstlichen Teil«, alle Spuren nachfolgender Kulturen, achtlos an die Seite räumen. »Der ganze künstliche Teil« – das kann hier schon verraten werden – ist aber praktisch der komplette Hügel, denn er besteht überwiegend aus Aufschichtungen von menschlicher Hand: Die vorherrschende Lehmziegelbauweise ließ immer eine Stadt auf der eingeebneten vorherigen entstehen. Aus den Siedlungsresten aus vielen Jahrtausenden bildete sich die bis zu 20 Meter hohe Hügelkuppe, die von den Einheimischen in den letzten Jahrhunderten den Namen Hisarlik-Hügel bekam. Um die Grabungsstätte von Homers literarischem Troja unterscheiden zu können, nennen wir sie deshalb *Troia*/Hisarlik oder *Troia*/Ilion. Zu dieser Zeit reiste auch Ernst Curtius mit einigen Kollegen durch die Troas. Für Schliemanns Arbeiten hatten sie keinerlei Verständnis. Sie hielten weiter Pinarbasi für den wahren Ort Trojas.

Auch Schliemann war von Zweifeln geplagt. Trotzdem stellte er sämtliche Funde in den tieferen Bereichen in den Zusammenhang mit der *Ilias*. Obwohl er nur eine kleine schäbige Burganlage fand, stellte er sie als »Palast des Priamos« dar.

Doch Schliemann, der Homers örtliche Angaben für zuverlässig hielt, zeigte sich schwer enttäuscht, als er sein Troja ausgegraben hatte. Der kleine Burgberg konnte keine große Stadt beherbergt haben: Priamos' Stadt war gefunden, schrumpfte in seiner Bedeutung aber zu einem kleinen Seeräubernest. Doch Schliemann hielt durch und wurde kurz vor dem Grabungsschluss 1873 reichlich dafür belohnt. Er fand in der Burgmauer einer der älteren Hisarlik-Siedlungen einen Schatz, der dort versteckt worden war. Daraufhin schickte er seine Arbeiter nach Hause und barg den Schatz nur zusammen mit seiner Frau Sophie. In Schliemanns Augen konnte es nur der Schatz des Priamos sein! Er hatte keine Skrupel, diesen grandiosen Fund an den türkischen Behörden vorbei aus dem Land zu schmuggeln.

Nach diesem Erfolg verkündete Schliemann, es gebe nichts mehr zu erforschen, er habe alles gefunden, was überhaupt zu finden sei – nicht nur darin sollte er sich gewaltig täuschen.

Schliemann hatte schon das nächste Objekt seiner Begierde ausgewählt: Mykene, die alte Festung aus Zyklopenmauern im Südosten der Peloponnes. Um die benötigte Grabungslizenz zu bekommen, zögerte er nicht, Teile des *Troia*-Fundes gegenüber der griechischen Regierung als Pfand einzusetzen.

Die 1874 begonnenen Grabungen in Mykene verliefen nicht so chaotisch wie in *Troia*/Hisarlik – Schliemann konnte sich auf ein kleines vielversprechendes Areal auf dem Burgberg konzentrieren. Allerdings überschritt er immer wieder die strengen Auflagen, die ihm die griechische Regierung gemacht hatte. So grub er nicht nur wie vereinbart auf dem Burgberg, sondern legte auch Gräber unterhalb der Akropolis frei. Nach einer Pause 1875 stieß er 1876 – wieder auf dem Burgberg – auf das Gräberrund A. Es handelt sich um einen 27,50 Meter breiten Kreis, der von zwei Ringen aus geglätteten Sandsteinen umrandet ist. Hier fand Schliemann unter 7 Metern Schutt Gräber mit wertvollsten Beigaben, darunter ein ovales Goldblech, das einem Gesicht nachgeformt wurde. Schliemann meinte, dies könne nur die Maske von Agamemnon sein, und telegrafierte sofort an den griechischen König: »In höchster Freude melde ich Eurer Majestät, dass

> **Die Schliemann-Legenden (Teil III): Versprechen große Namen große Funde?**
>
> Dank Schliemanns Propaganda-Feldzug nennt die ganze Welt bis heute den von ihm im Hisarlik-Hügel gefundenen Schatz fälschlicherweise den Schatz des Priamos. Inzwischen werden diese Funde allerdings der frühen Bronzezeit zugeordnet – sie sind damit mehr als 1000 Jahre älter als das von Homer besungene Troja. Der Schatz eines unbekannten, namenlosen Herrschers! Nach dem Zweiten Weltkrieg blieb er für 50 Jahre verschwunden, bis er 1995 im Magazin des Moskauer Puschkin-Museums wieder auftauchte.
>
> Eine ähnliche Geschichte verbindet sich mit einem anderen Fund: Als Schliemann in Mykene Totenmasken freilegte, erklärte er eine sofort zur Totenmaske des legendären Agamemnon: Seitdem hat die Totenmaske ihren Namen, als wäre er eingebrannt, und das, obwohl immer wieder daran gezweifelt wird, ob Agamemnon tatsächlich gelebt hat.
>
> Was Schliemann in Mykene fand, war 300 Jahre älter als die Zeit seiner geliebten Helden im 13. Jahrhundert vor Christus, denn nur der obere Teil der Grabanlage mit seiner Kultanlage gehört zur späten Bronzezeit (der Zeit des Trojanischen Krieges). Schliemann hatte also auch in Mykene unwissend durch diesen Zeithorizont hindurch in die anonyme Vorgeschichte graben lassen.

ich die Gräber aufgedeckt habe, welche die von Pausanias [einem antiken Historiker und Reiseführer] vertretene Überlieferung als die Grabstätten von Agamemnon, Kassandra, Eurymedon und ihren Gefährten bezeichnete ...« Seitdem ist die Totenmaske des Agamemnon in aller Welt bekannt – allen Widerrufen zum Trotz.

Schliemann war nun 55 Jahre alt und hatte sich in noch nicht einmal zehn Jahren vom harmlosen Bildungsreisenden zum Ausgräber gemausert, über den jeder sprach. In seinen Ansichten blieb er allerdings dogmatisch – entgegen allen berechtigten Einwänden behauptete er, er habe das Troja des Priamos ausgegraben, Punkt und Schluss! Nicht zuletzt wegen dieser anmaßenden Art blieb seine Arbeit in Fachkreisen lange Zeit umstritten, und die Gelehrtenwelt versagte ihm die Anerkennung.

Heftige Kritik kam von dem Mann, der seit 1875 von aller Welt beobachtet Olympia ausgrub: Ernst Curtius. Der hatte selbst in der Troas geforscht und hielt weiter Pinarbasi für den Ort, an dem Troja gestanden haben musste. Deshalb blieb Schliemann nichts anderes übrig, als doch noch einmal in *Troia*/Hisarlik zu graben.

RUDOLF VIRCHOW

1878 begann er mit einer zweiten Kampagne, und dieses Mal war er schon professioneller organisiert. Endlich heuerte er einige Fachleute als Mitarbeiter an, und als seinen ständigen Berater hatte Schliemann den berühmten Berliner Arzt und Universalgelehrten Rudolf Virchow gewinnen können – der riet zu umsichtigem Vorgehen und untersuchte auch das freigelegte Pflanzen- und Knochenmaterial.

Vor allem hielt Schliemann jeden Grabungsschritt schriftlich fest. Diese lückenlose Dokumentation ermöglicht es den Archäologen heute, nachzuvollziehen, wie die Stätte einmal ausgesehen haben muss.

Sosehr Schliemann Virchows Rat auch schätzte, wenn sein Führungsanspruch in Gefahr war, wurde er böse. Als Virchow nach der Grabung eine Abhandlung über Skelettfunde auf der Troas in Berlin herausgeben wollte, schickte ihm Schliemann ein Telegramm in die Reichshauptstadt – kurz und knapp: »Nichts über Hanai-Tepe veröffentlichen, sonst Freundschaft ruiniert und Liebe zu Deutschland.« Die erste Konsequenz war klar formuliert, die zweite jedoch etwas rätselhaft.

Mit der »Liebe zu Deutschland« meinte er seinen Entschluss, die *Troia*-Funde dem Berliner Museum zu vermachen. Daran war Virchow sehr gelegen, und er zog sein Anliegen zurück – das war schlicht und einfach Erpressung.

Aber das Einlenken lohnte sich! Im Jahr 1880 schenkte Schliemann seine »Troianische Sammlung« dem deutschen Volk.

Schliemann genoss mittlerweile großes Ansehen in der breiten Öffentlichkeit, aber nicht als Archäologe in der Gelehrtenwelt. Das lag vor allem an der Art, wie er seine Ziele erreichte – darin blieb er ein windiger Spekulant, dem jede Methode recht war.

> **Stratigrafie**
> Die Untersuchung zeitlicher Abfolgen von Erdreich, Bauwerken oder auch nur Abfällen in der Erde nennen die Forscher Stratigrafie (lat. *stratum* = Ablagerung, Schicht). Für die Geologie hatte der schwedische Forscher Niels Stensen bereits 1669 herausgefunden, dass bei Gesteinsschichten, die im Laufe der Zeit aufgeschichtet werden, die älteren immer unter den jüngeren liegen.
> Im Idealfall gleicht die Untersuchung dem Anschnitt einer Schwarzwälder Kirschtorte: Tortenboden, Kirschschicht, Sahneschicht, wieder Tortenboden … Dieses Prinzip gilt grundsätzlich auch für archäologische Stätten: Das Ältere liegt unten. Allerdings kann es auch der Fall sein, dass die einzelnen Schichten durch Teilabrisse, Gräben und Gruben oder sogar Erdbeben verschoben sind – hier ist dann Detektivarbeit gefragt, an die sich erst Wilhelm Dörpfeld wagte …

Und dann war da noch seine Eitelkeit: So hatte er sich in Athen eine Prachtvilla erbauen lassen, die er »Iliou Melathron« (Palast von Ilion) nannte. Sie war über und über mit Homer'schen Zitaten und griechisch-antiken Stil-Elementen verziert, nein überladen worden. Guter Geschmack sieht anders aus!

Schliemanns gesamtes Auftreten sollte seinen dogmatischen Anspruch unterstreichen: Ich allein bin »Mr Troja«! Vielleicht wollte er damit aber auch Zweifel beseitigen – nicht nur die der Gelehrten, sondern auch seine eigenen.

Rückblickend formulierte Schliemann über seine damaligen Ansichten: »Durch meine auf dem Hügel von Hisarlik unternommenen Ausgrabungen hatte ich geglaubt, die trojanische Frage für immer gelöst und bewiesen zu haben, dass die kleine Stadt, die dritte über dem Urboden … notwendig die durch Homer unsterblich gewordene Ilios der Sage sein müsse.«

Doch die Stadt war zu klein – hatte er die falsche Siedlungsschicht ausgegraben? Obwohl Curtius Schliemanns Arbeit heftig kritisierte, reiste Schliemann auf die Peloponnes-Halbinsel und besuchte Olympia. Dort wurden seit 1875 die Überreste mit viel Aufwand ausgegraben, denn die Gebäude der Stätte waren im 6. Jahrhundert nach Christus durch zwei Erdbeben zerstört, vom Fluss Alpheios auseinandergerissen und mit einer bis zu 5 Meter dicken Schlammschicht überdeckt worden. Die entscheidende Frage war deshalb: Was gehörte wohin? Es war die Aufgabe des jungen begabten Architekten Wilhelm Dörpfeld, dieses Riesenpuzzle am Zeichentisch wieder richtig zusammenzusetzen. Schliemann erkannte sofort: Auch die vielen ineinander verschachtelten Siedlungsschichten von Hisarlik verlangten nach einem Talent wie Dörpfeld. Und so gelang es Schliemann schließlich nach langen Verhandlungen, Dörpfeld für neu geplante Grabungen zu gewinnen. 1882 setzten erneut Arbeiter den Spaten am Hisarlik-Hügel an, dieses Mal jedoch unter Anleitung des umsichtigen deutschen Architekten.

In seinem Grabungsbericht *Troja. Ergebnisse meiner neuesten Ausgrabungen auf der Baustelle von Troja, in den Heldengraebern, Bunarbaschi und anderen Orten der Troas im Jahre 1882* beschreibt Schliemann die mit Dörpfelds Hilfe unterschiedenen Siedlungsschichten: Die untersten drei Siedlungen stammten aus vorgeschichtlicher Zeit, die vierte bis sechste Siedlung waren vermutlich griechisch und die griechische und römische Stadt Ilion/Novum Ilium bildete die siebte Schicht.

Ungeachtet dieser Abfolge und Ergebnisse war Schliemann auch dieses Mal davon überzeugt, in der zweiten Siedlung das eigentliche Troja, das Homer'sche Troja/Ilion vor sich zu haben. Zu wenig Beachtung schenkte er einer Mauer der fünften Siedlung, die seine Arbeiter durchstießen, eine Mauer, die – wie er notierte – »in höchst solider Weise aus großen lagerhaften Steinplatten ohne Mörtel besteht«. Erst Jahre später sollte ihm dieses monumentale Bauwerk den Schlaf rauben.

Auch diese Publikation änderte nichts an der Situation: In der Gelehrtenwelt lehnte die Mehrheit der Wissenschaftler Schliemanns Argumente ab, vor allem weil Ernst Curtius immer noch Pinarbasi für Troja hielt. Und überhaupt: War Troja nicht doch nur ein literarischer Ort, das Produkt der Fantasie des Dichters Homer, und Schliemann eigentlich kein Gelehrter, sondern ein Emporkömmling, ein

Die Schliemann-Legenden (Teil IV): Vom Selfmade-Mann zum Archäologen

Schliemann wurde zum Inbegriff des Selfmade-Mannes des 19. Jahrhunderts. Aus armen Verhältnissen stammend hatte er sich ohne fremde Hilfe, nur aus eigener Kraft und Klugheit zum reichen Geschäftsmann emporgearbeitet und dann ganz der Bildung und Wissenschaft gewidmet. So weit stimmt diese Legende.

Doch Schliemann behauptete später, auf der Höhe seiner Karriere habe er sich der Bildung zugewandt und das sagenumwobene Troja gefunden. Reich sei er nur geworden, um später seine kostspieligen archäologischen Unternehmungen finanzieren zu können. Er erklärte in seiner Autobiografie, er habe bereits seit seiner Kindheit auf diesen Augenblick hingearbeitet.

Das stimmt leider nicht! Er hatte sich schon lange aus dem Geschäftsleben zurückgezogen und war als Lebemann um die Welt gereist, bevor er sich der Bildung und dann – noch viel später – der Archäologie zuwandte.

Kaufmann, der glaubte, mit seinem Geld alles erreichen zu können? War er nicht genauso ein Hobbyforscher wie der pensionierte Hauptmann Ernst Bötticher, der immer wieder behauptete, Hisarlik sei nichts weiter als eine Feuer-Nekropole, also ein Ort für Feuerbestattungen – deshalb diese vielen Mauerschichten? Diese seien nichts weiter als die Kammern von Verbrennungsöfen. Dörpfeld habe seine Skizzen der Grabungsstätte so manipuliert, dass daraus größere Räumlichkeiten würden, die wie Häuser aussähen ... Das waren schwere Anschuldigungen, und es fand sich

WILHELM DÖRPFELD

kaum jemand in der Gelehrtenwelt, der Schliemann gegen diese Anschuldigungen verteidigte.

Um sein Ansehen zu retten, lud Schliemann Ende 1889 zu einer Troja-Konferenz, doch nur eine kleine Gruppe reiste zum Hisarlik-Hügel unweit der Dardanellen-Meerenge. Im Frühjahr 1890 gelang es Schliemann dann doch noch, eine große Anzahl Wissenschaftler zu seiner Grabungsstätte zu locken – auf seine Kosten natürlich. Diese Wissenschaftler und Gelehrten bestätigten Schliemanns Grabungsergebnisse in einem Protokoll – zu ihnen gehörten auch Professor Virchow und der eigentliche Troja-Entdecker Frank Calvert.

Schliemann selbst hingegen begann seinen Irrtum zu ahnen. Die bei der letzten Grabung durchstoßene Mauer »in höchst solider« Bauweise ging ihm nicht mehr aus dem Kopf.

Die neuen Ausgrabungen waren für 1890/91 geplant, und sie brachten gleich in der ersten Kampagne 1890 eine Überraschung: Zu der soliden Burgmauer, die Schliemann und sein Team bisher als griechisch angesehen hatten, fanden die Forscher Gebäudereste außerhalb des eigentlichen Burgbergs und außerdem mykenische Keramik. Leider musste Schliemann dann jedoch die spannenden Arbeiten unterbrechen, denn sein altes Ohrenleiden plagte ihn wieder. Er ließ sich im November in Halle operieren, reiste aber gegen den ärztlichen Rat in Richtung Athen ab, wo er mit seiner Familie Weihnachten feiern wollte. Auf dem Weg dorthin legte er mehrere Zwischenstopps ein, um unter anderem seinen Verleger in Leipzig zu sprechen und in Neapel neue Funde aus Pompeji anzuschauen.

Die ganze Zeit über muss Schliemann fieberhaft überlegt haben: »Gehören die gefundenen Gebäudereste zu einer großen Festung, die über den Hisarlik-Hügel hinausragte? Eine Festung aus mykenischer Zeit, die viel eher zu Homers Schilderung passt als die von mir ausgegrabene, viel ältere, viel kleinere Burg?«

Das Ohr schmerzte wieder, doch Schliemann achtete nicht darauf. Schließlich brach er mitten in Neapel zusammen. Da er keine Papiere bei sich hatte, wollte das dortige Krankenhaus diesen unscheinbaren Mann nicht aufnehmen. Nur ein italienischer Arzt, dessen Rezept er bei sich trug, konnte ihn identifizieren. Schliemann, aus der Ohnmacht erwacht, wollte unbedingt wieder ins Grand Hotel. Als er dort durch das Foyer getragen wurde, erklärte der Besitzer einem Gast: »Das ist der berühmte Schliemann!«

Heinrich Schliemann starb am 26. Dezember 1890, bevor er seine letzten *Troia*-Ausgrabungen abschließen konnte. Erst 1893/94 legte sein Nachfolger Wilhelm Dörpfeld die monumentale Mauer frei. Es handelte sich dabei um die Festungsanlage des spätbronzezeitlichen *Troia*.

Bringen wir es noch einmal auf den Punkt: Es war nicht Heinrich Schliemann, der *Troia*/Ilion wiederentdeckte. Er hat die mächtigste Burganlage von *Troia*, die Siedlungsschicht, die am ehesten zu Homers Dichtung passte, nie mit eigenen Augen gesehen. Er war ein Schatzjäger und Abenteurer, aber auch ein Archäologe, der die wissenschaftliche Erforschung *Troias* begründete. Er lernte ständig dazu und dokumentierte in seinem Eifer jeden seiner Arbeitsschritte. Außerdem war er es, der Wilhelm Dörpfeld nach *Troia* brachte (dazu gleich mehr). Und ganz wichtig: Wenn Homers Troja dort lag, wo später das griechisch-römische Ilion/Novum Ilium errichtet wurde, dann war die Stätte nur einige Jahrhunderte lang verschollen.

Aber liegt unter dem griechisch-römischen Ilion/Novum Ilium tatsächlich das ältere, legendenumwobene echte Troja?

Das ultimative Troja-*Troia*-Truva-Hisarlik-Blog
Teil III

Osman Bey war hier …

Grabungsgelände *Troia*/Hisarlik im Hochsommer

Nun war es endlich Zeit, mich auf die Ausgrabungen zu stürzen – dafür war ich ja schließlich hierhergekommen.
Da ich noch angeschlagen war und den Grabungsrundgang am nächsten Morgen auf keinen Fall verpassen wollte, ging ich früh in mein Zimmer. Schlafen konnte ich trotzdem nicht wegen dieser unglaublichen Hitze. Mein Zimmer hat natürlich keine Klimaanlage, nicht einmal einen Deckenventilator, und vor dem kleinen Fenster ist ein dickes Fliegengitter angebracht. Wenn man sein Gesicht fest dagegendrückt, bekommt man hin und wieder einen leichten Windhauch zu spüren. Aber ich wollte ja sowieso noch nicht schlafen, denn mein älterer Kollege und neuer Freund Herrmann hatte mir noch etwas zu lesen mitgegeben, das aus seiner Feder stammte: ein Porträt über den langjährigen Leiter der Ausgrabungen.

Das beginnt so:
»In der Troas im Sommer 2002. Der Motor jault auf – hochtourig überwindet der Geländewagen auch das Bett aus ziegelgroßen Felssteinen, die einmal eine Verteidigungsmauer bildeten. Die Strecke, die gut in eine Gelände-Rallye passen würde, führt den Figlatepe, eine steile Anhöhe nordöstlich der Dardanellen-Meerenge, hinauf. Fahrer ist der Grabungsleiter in *Troia*, der Tübinger Ur- und Frühgeschichtler Manfred Korfmann. Oberhalb des Schotters werden Reifenspuren im Boden sichtbar.

›Die sind von mir‹, kommentiert Korfmann, während er das Steuer hin- und herreißt. ›Hier kommt sonst niemand hoch.‹
Diese Aussage lässt sich gut auf Korfmanns Lebenswerk ausweiten. Nach den Grabungen Schliemanns Ende des 19. Jahrhunderts und denen Carl Blegens in den 30er-Jahren des 20. Jahrhunderts waren die Ruinen des Schauplatzes des ältesten abendländischen Epos über 50 Jahre nahezu unbeachtet der Natur preisgegeben. Wind und Wetter setzten ihnen zu, bis schließlich im Jahr 1988 der Archäologe aus Tübingen mit seinem interdisziplinären Grabungsteam anrückte. Seither kommt *Troia* nicht mehr aus den Schlagzeilen: ›Hatte Homer doch recht?‹ ›Wie groß war das *Troia* der Bronzezeit wirklich?‹«

Ich hielt kurz inne und überlegte und grübelte. Wer war dieser Mann?
»1972 ging der damals 28-Jährige als Mitarbeiter des Deutschen Archäologischen Instituts in die Türkei und lebte fünf Jahre in Istanbul. In dieser Zeit begann er sich intensiv mit der Troas zu beschäftigen, doch damals hatte er nicht einmal daran zu denken gewagt, in *Troia* zu graben. So eine wichtige Stätte, und schließlich hatten die Türken ja mit dem Deutschen Heinrich Schliemann schlechte Erfahrungen gemacht. Aber Korfmann war findig und grub zunächst in der südlich von *Troia* gelegenen Beşik-Bucht. Weil er seine Sache dort sehr gut machte, bekam er 1988 die Grabungslizenz für die antike Stätte *Troia* in personam. Das heißt, sie ist nicht auf die Bundesrepublik Deutschland oder die Universität Tübingen, sondern auf Manfred Korfmann allein ausgestellt. Diese Macht übt er mit strenger Hand aus, wie der Angehörige der 68er-Generation auch zugibt: ›Wie viele aus meiner Generation bin ich in einigen Dingen einfach sehr konsequent.‹ Manche Menschen, die mit ihm zu tun hatten, klagen allerdings über das Ausmaß seiner Konsequenz, denn man kann bei Korfmann auch in Ungnade fallen. Fotografen, die sich aus seinem Gesichtsfeld entfernen und auf eigene Faust im Grabungscamp herumknipsen, werden autoritär zurechtgewiesen. Grabungsmitarbeiter, die eigene Schlussfolgerungen an die Medien weitergeben, fehlen bei der nächsten Kampagne.
›Ja, ich bin autoritär‹, räumt er ein. Anders jedoch ließe sich das ungeheure Projekt auch nicht durchführen. Korfmann weiß genau, was wo gerade getan und geborgen wird.«

Ich versuchte, mir den Mann vorzustellen, und las weiter.
»›Jeder Regenguss legt in der Troas neue Funde frei‹, kommentiert Korfmann, hält

den Wagen an und steigt aus. Er läuft so leichtfüßig durchs Gelände, dass Journalisten stets Mühe haben, Schritt zu halten. ›Selbst der Schotter auf den Feldwegen ist nicht banal.‹ Er bückt sich und hebt ein Stück Dachziegel und eine bemalte Keramikscherbe auf: ›Eindeutig römisch.‹
Hier ist der Hügel künstlich aufgeschüttet: eine Grabanlage. Drüben am Hang verraten die Erdschichten Überreste einer griechischen Siedlung, 7. Jahrhundert vor Christus. Und am Rande eines Ackers liegt ein Stück Marmorsäule. ›Niemand weiß, was dieser Boden noch für Schätze bereithält‹, sagt der Grabungsleiter und erklimmt mit großen Schritten den Grabhügel, auf dem der Überlieferung nach der im Trojanischen Krieg rasend gewordene Kämpfer Ajax bestattet liegen soll. Ein herrlicher Ausblick auf die Ausfahrt der Dardanellen-Meerenge eröffnet sich, doch Korfmann lenkt die Aufmerksamkeit in den Nordosten. Wie die Spur einer gefräßigen Raupe zieht sich dort eine Trasse durch den ansonsten unberührten Küstenstreifen, schneidet Hänge an und planiert Täler ein. Seit den 1990er-Jahren ist die Troas kein militärisches Sperrgebiet mehr, sodass die Archäologen Konkurrenz beim Graben nach *Troias* Schätzen bekommen haben.
›Gegen einzelne Häuser wäre ja nichts einzuwenden‹, meint der Grabungsleiter, ›aber dort wurde eine Invasion vorbereitet.‹ Doch mit Hilfe der Medien und von Umweltverbänden hat Korfmann diesen Kampf inzwischen gewonnen, denn mittlerweile schützt die Türkei die Troas als Nationalpark, und die UNESCO hat sie zum Weltkulturerbe erklärt.«

Ich legte den Text wieder beiseite. Und kurz bevor mir die Augen zufielen, dachte ich erneut: »Wer war dieser Mann?« Leider würde er uns morgen nicht durch die Grabungsstätte führen können, weil der großartige Ausgräber bereits im Jahr 2005 verstarb.
Zu Korfmanns Angewohnheiten gehörte es auch, die Journalisten und andere Interessierte morgens in aller Herrgottsfrühe auf das Grabungsgelände zu bestellen. Er verlangte eben jedem etwas ab, und sein Nachfolger und einstiger Kollege Ernst Pernicka führt diese Tradition fort.

Es war noch dunkel, erst 5 Uhr 30 in der Früh, als aus den umliegenden Siedlungen und dem Grabungsdorf »Bademliköy« (= »einfache Holzbaracken«) Archäologen, Architekten, Bauingenieure, Geologen, Historiker und Philologen, aber auch Biologen, ein Illustrator, ein Kamerateam, Studenten, türkische Helfer und ein paar

Journalisten ins Grabungshaus strömten, um dort gemeinsam zu frühstücken. Auf dem Weg dorthin raunte mein Kollege Herrmann mir noch einmal zu: »Achte einmal darauf, wie oft über Korfmann gesprochen wird!«

Wir setzten uns zu einigen Studenten, die uns ans Herz legten, Çay statt Kaffee zu trinken und viel von dem selbst gemachten Joghurt zu essen. Der verdrängt dann im Darm die unerwünschten Bakterien ...

Mancher gähnte frei heraus, viele machten keinen allzu ausgeschlafenen Eindruck, doch keiner mochte freiwillig zurück ins Bett, alle wollten dabei sein – bei der neuen sommerlichen *Troia*-Grabungskampagne auf dem Hisarlik-Hügel südlich der Dardanellen-Meerenge. Dabei ist der Archäologenalltag, wie ich erfuhr, alles andere als aufregend. Für die meisten der Hilfskräfte und Wissenschaftler aus aller Welt gleicht er eher einer endlosen Fließbandtätigkeit – von morgens bis abends, sechs Tage in der Woche, und das in den drei heißen Sommermonaten von Juni bis August mit Temperaturen von bis zu 45 °C im Schatten.

Wie »archäologische Fließbandarbeit« aussieht, schauten wir uns nach dem Frühstück an: Hunderttausende von Keramikscherben werden bei jeder Kampagne freigelegt, jede einzelne wird von türkischen Mitarbeiterinnen an der Waschstelle gereinigt und anschließend in den »Scherbengarten« gebracht. Dort sind eine studierte Archäologin und ihre Mitarbeiterinnen damit beschäftigt, die Scherben wieder zu Gefäßen zusammenzusetzen.

Weil Keramik ständigen Modetrends unterworfen war, eignet sie sich bestens als Zeitmesser: Welche Größe und Form hat sie, welche Farben, welche Muster ...?

Andere Funde, die zu Schliemanns Zeiten einfach beiseitegeworfen wurden, erhalten heute eine Extrabehandlung, zum Beispiel die Holzkohle, die von den vielen Herdstellen übrig blieb, die die einstigen Bewohner tagtäglich entzündeten.

Mitarbeiter der Archäobiologie schlämmen und sieben geborgene Holzkohle mehrfach durch, bevor sie sie in kleinen Netzen zum Trocknen an eine Leine hängen. Auf diese Weise können sie Pflanzenreste bestimmen, und mit etwas Glück finden sich Samen.

180 verschiedene Arten haben sie so schon erfasst und dadurch unter anderem herausgefunden, dass die *Troianer* die Weizensorten Emmer und Gerste, aber auch Saubohnen, Linsen und Erbsen anbauten.

Einen Tisch weiter hielt eine Anthropologin einen menschlichen Schädel aus dem 6. Jahrtausend vor Christus in der Hand. Es handelte sich um einen Fund aus dem nahegelegenen Siedlungs- und Bestattungsplatz Kumtepe, den die Wissenschaftlerin auf die menschliche Art, das Geschlecht und mögliche Krankheiten der Bestatteten hin untersuchte. Die meisten der mittlerweile über eine Millionen zutage geförderten Knochen stammen jedoch von Tieren, die von den *Troianern* verzehrt wurden.

»Wurden die Knochen zertrümmert, um an das Mark zu kommen, ist dies ein Hinweis auf eine weniger gute Ernährungslage«, erläuterte eine Mitarbeiterin. »In üppigen Zeiten wurden die Tierläufe in Gänze weggeworfen.«

Manche Mitarbeiter sind nur während des Studiums oder für ein, zwei Sommerkampagnen dabei, andere dagegen graben von Anfang an mit wie die amerikanische Architektin Elizabeth Riorden, die hier die Herrin der digitalen Daten ist.

Nach diesem Einblick in die »Nebenschauplätze« führte uns der jetzige Grabungsleiter Ernst Pernicka auf die eigentliche Ausgrabungsstätte. Der neue Chef ist ein sehr zurückhaltender Mensch, der nicht ständig große Kommandos gibt.

Da jedes Freilegen einer bestimmten Epoche in diesem Labyrinth andere zerstören würde, führen die Archäologen im Wesentlichen nur vorhandene Gräben weiter. Mit Kelle, Schaufel und Gummieimer tragen die Arbeiter unter fachkundiger Anleitung gewaltige Mengen Erde ab. Größere Funde entnehmen sie dabei gleich, den Rest des Schutts sieben sie durch – alles von Menschen Gemachte landet in dem uns schon bekannten Scherbengarten.

Die freigelegten Mauerreste werden Stein für Stein von Architekten und Bauzeichnern erfasst. Von ihnen wird wahre Detektivarbeit gefordert. In der Verlängerung des sogenannten Schliemanngrabens etwa liegen Siedlungsschichten aus der Zeit von *Troia* II, III, IV und V zum Teil übereinander, zum Teil sind sie aber auch ineinander verschoben. Alle Daten landen schließlich bei Elizabeth Riorden in ihrem zentralen Server. Ihre topografische Simulation des *Troia*-Geländes umfasst inzwischen Hunderttausende von Messpunkten. Jede Stelle kann vergrößert oder auf eine der neun Epochen hin abgefragt werden.

Nach der Mittagspause – von 12.30 bis 15.30 Uhr kann man hier wirklich gar nichts machen – wurde die Führung am späten Nachmittag fortgesetzt.

Über weitere Einzelheiten berichte ich in meinen Online-Artikeln, die ich demnächst verfassen werde.

Was mich erstaunte: Gegen Ende des Arbeitstags ging es zu wie in einem Kindergarten, wenn das Spielzeug eingesammelt wird. Alles kommt in einen großen Container, der neben dem Scherbengarten steht, und dann wird das Depot von zwei türkischen Regierungsvertretern abgeschlossen. Die Behörden verlassen sich auf den heutigen Grabungsleiter Ernst Pernicka genauso, wie sie es bei Korfmann taten. Trotzdem gilt: Vertrauen ist gut, Kontrolle besser. Da Schliemann seinen *Troia*-Schatz und andere wichtige Funde an den Behörden vorbei aus dem Land schmuggelte, gehört auch die nun praktizierte strenge Aufsicht des türkischen Kulturministeriums zu seiner Hinterlassenschaft. Sämtliche Funde werden, nachdem sie im Scherbengarten registriert wurden, in Container verschlossen. Zudem werden dokumentierte Listen in vielfachen Ausfertigungen nach Ankara geschickt.

Was mich noch mehr erstaunte, war, wie gegenwärtig der alte Ausgräber Manfred Korfmann und ein gewisser Osman Bey – ein türkischer Archäologe oder Antikenkommissar vermutlich – sind. Während des ganzen Tages auf dem Grabungsgelände hörten wir immer wieder: »Korfmann hier, Osman Bey da!« Ihre Geister haben anscheinend die neuen Ausgrabungen, ja die ganze Grabungsstätte geprägt, sie sind immer noch überall zu spüren. Als kämen sie gleich um die Ecke.

Davon berichtete ich auch beim Abendessen Herrmann.

»Ja, von zwei Personen wird überall gesprochen: von Korfmann und von einem Osman Bey!«

»Hast du denn meinen Artikel nicht zu Ende gelesen?«

»Noch nicht ganz.«

»Na, dann hast du es nicht geschnallt: Korfmann ist Osman Bey! Irgendwann wurde er hier so genannt. ›Osman‹ ist ein türkischer Vorname, Osman I. war der Begründer des Osmanischen Reiches, und Bey ist die Ehrbezeichnung für ›Herr‹. Er hat den Namen sogar als zweiten Vornamen angenommen.«

Ich konnte es kaum erwarten, bis ich wieder auf meinem stickigen Zimmer war, um das Porträt weiterzulesen. Natürlich suchte ich gleich die wichtige Stelle – da! »... Obwohl Korfmann hier der Boss ist, der im Grabungscamp respektvoll ›Osman Bey‹ genannt wird, wirkt er Fremden gegenüber zunächst fast schüchtern. Er spricht leise und zieht sich hinter verschränkten Armen zurück. Kaum spürt er jedoch Verständnis und Begeisterung für *Troia*, wird er lebhaft. Korfmann pflegt die traditionelle türkische Gastfreundschaft, und es fällt seinen Gästen schwer, sich seinem Charme zu entziehen. Obwohl er eigentlich während der sommerlichen Grabungskampagne an mindestens drei Orten gleichzeitig sein muss, findet er doch Zeit, mit interessierten Kollegen und Journalisten durch die Troas und das Idagebirge zu fahren, um für das ihm wichtigste Anliegen zu werben: den Schutz der Landschaft Homers mit ihren archäologischen Fundplätzen. ›Alle reden von Homers Trojanischem Krieg, und zur gleichen Zeit lässt die Welt den eigentlichen Schatz der Troas ohne einen Aufschrei vor die Hunde gehen.‹

Zunehmend kämpft Korfmann an zwei Fronten: Im eigentlichen *Troia* leitet er die Grabungs- und Restaurationsarbeiten eines internationalen Wissenschaftler-Teams.

Gleichzeitig macht er sich bei türkischen Behörden und Politikern für den Schutz der Landschaft stark. Für ihn sind das zwei Seiten einer Medaille – eines kostbaren, einmaligen Stücks. Um das zu verdeutlichen, hat er sich, trotz überquellenden Terminkalenders, diesen Abstecher ins Hinterland mit seinen Besuchern erlaubt. ›Man muss die Menschen verstehen‹, gibt Manfred Korfmann zu bedenken. ›Aber was sie brauchen, ist eine wirkliche Perspektive.‹ Und die könnte das Projekt Nationalpark liefern. Die gesamte Troas soll ein Natur- und Kulturpark werden, denn dieses Areal von der Größe des Stadtstaates Bremen weist mehr als 80 historisch bedeutende Stätten vom Neolithikum (das ist die Jungsteinzeit) bis zur Neuzeit auf, die es zu schützen gilt. Die Troas ist dünn besiedelt. Würden einige Flächen, die bis dahin landwirtschaftlich genutzt werden, stillgelegt, könnte sich die natürliche Vegetation wieder entwickeln. Die Einheimischen, die sich zum Teil schon seit Jahren bei den sommerlichen Ausgrabungen bewähren, sollen zu Aufgaben der Denkmalpflege und des Landschaftsschutzes eingesetzt werden. Aber auch die Besucher sind gefordert umzudenken. Nach dem Zusammenbruch des Ostblocks hat die Troas ihre strategische Bedeutung verloren. Nichts liegt näher, als auch diesen Teil der Dardanellen-Meerenge zum Nationalpark zu erklären. Keine Region könnte besser den ersehnten Frieden zwischen Europa und Asien symbolisieren.

Trotzdem macht sich Manfred Korfmann keine großen Illusionen. ›Kultur kommt immer ganz zum Schluss!‹, so seine Worte.

Eine überarbeitete Fassung des Nationalparkkonzepts wurde dem Ministerrat als Entwurf eingereicht. Allerdings liegt er ganz unten in dem Stapel unbewältigter Aufgaben, der in der Türkei besonders groß ist. Korfmann könnte sich zufrieden zurücklehnen. Tut er aber nicht! Der Archäologe, der lange in der Türkei gelebt hat und fließend Türkisch spricht, hat eine Mission: Er will Ost und West zusammenführen. Und das soll nicht in der bewährten Form geschehen, dass sich der Osten dem Westen angleicht. Der Westen soll das anatolische Erbe als eine seiner eigenen Wurzeln begreifen.«

Am Rand finde ich eine handschriftliche Notiz an mich: »Du musst bedenken, zu dieser Zeit sagte noch niemand, erst recht kein Bundespräsident: ›Der Islam gehört zu Deutschland.‹ Die meisten sagten oder dachten: ›Die islamische Türkei passt nicht zu Europa und erst recht nicht in die EU!‹«

»... Korfmann äußert stets: ›Mit welcher Überheblichkeit wir von anderen Mentalitäten reden – und mit anderen meinen wir natürlich unterlegene.‹ Er denkt in langen Zeiträumen. Anatolien hat eine hethitisch-griechisch-römisch-byzantinische Vergangenheit. Sie wurde durch 500 Jahre türkische Herrschaft nicht einfach ausgelöscht. Die Alltagskultur in Anatolien hat für Korfmann eine mehrtausendjährige Kontinuität. Das haben ihn seine vielen Ausflüge ins anatolische Hinterland gelehrt. ›Die Leute auf dem Land sind uns ganz, ganz nah. Sie erzählen die gleichen Witze, sie haben die gleichen Grundwerte ... Der Trojanische Krieg wurde zum Sinnbild aller sinnlosen Kriege – ein Trojanischer Frieden könnte Ost und West dort wieder zusammenführen, wo starke Wurzeln des Abendlandes zu finden sind. Historisch betrachtet gehört die Türkei genauso selbstverständlich zu Europa wie Griechenland.‹

Wenn die Grabungskampagne ihm Zeit lässt, fährt Korfmann abends auf den Figla-Tepe und blickt über die Landzunge, die seit Homer die Fantasie des Abendlandes beflügelt. Er ist stolz auf seine zuverlässigen Mitarbeiter, Freundschaften und Beziehungen – trotzdem steht er mit seinen Visionen oft allein da. Wie schon Schliemann wird Manfred Korfmann selbst Teil des Troja-*Troia*-Mythos: umstritten, beneidet, berühmt.«

Beim Abendessen stellte Herrmann fest: »Ohne Korfmann wären hier keine Forschungen unter deutscher Führung gelaufen. Ja, ohne Korfmann würde hier vielleicht überhaupt nicht gegraben.«
»Aber warum ist er dann so umstritten, besonders in den Medien?«, konterte ich.
»Hast du vergessen, Troja ist der Schauplatz des ältesten Mythos der abendländischen Geschichte und der Tummelplatz von Helden und Abenteurern. Immer wieder tauchen hier Wissenschaftler und selbst ernannte Forscher auf und rufen: ›Halt, es war alles ganz anders! Kommt her und stellt euch dem Kampf!‹ Ja, Achill und Hektor lassen grüßen!«

Nach der Lektüre drückte ich wie gewohnt mein Gesicht gegen das Fliegengitter, um etwas Luft zu bekommen. Bis tief in die Nacht hinein hörte ich immer wieder aufgeregte Wortfetzen: »Ach, Homer, Homer ... Ich sage nur Dörpfeld! ... Magnometer heißt das! ...« Und immer wieder: »Hat denn Korfmann nicht ...?«
Was hat denn Korfmann nun wirklich herausgefunden? Was machte die Ausgrabungen hier in *Troia* so streitbar?

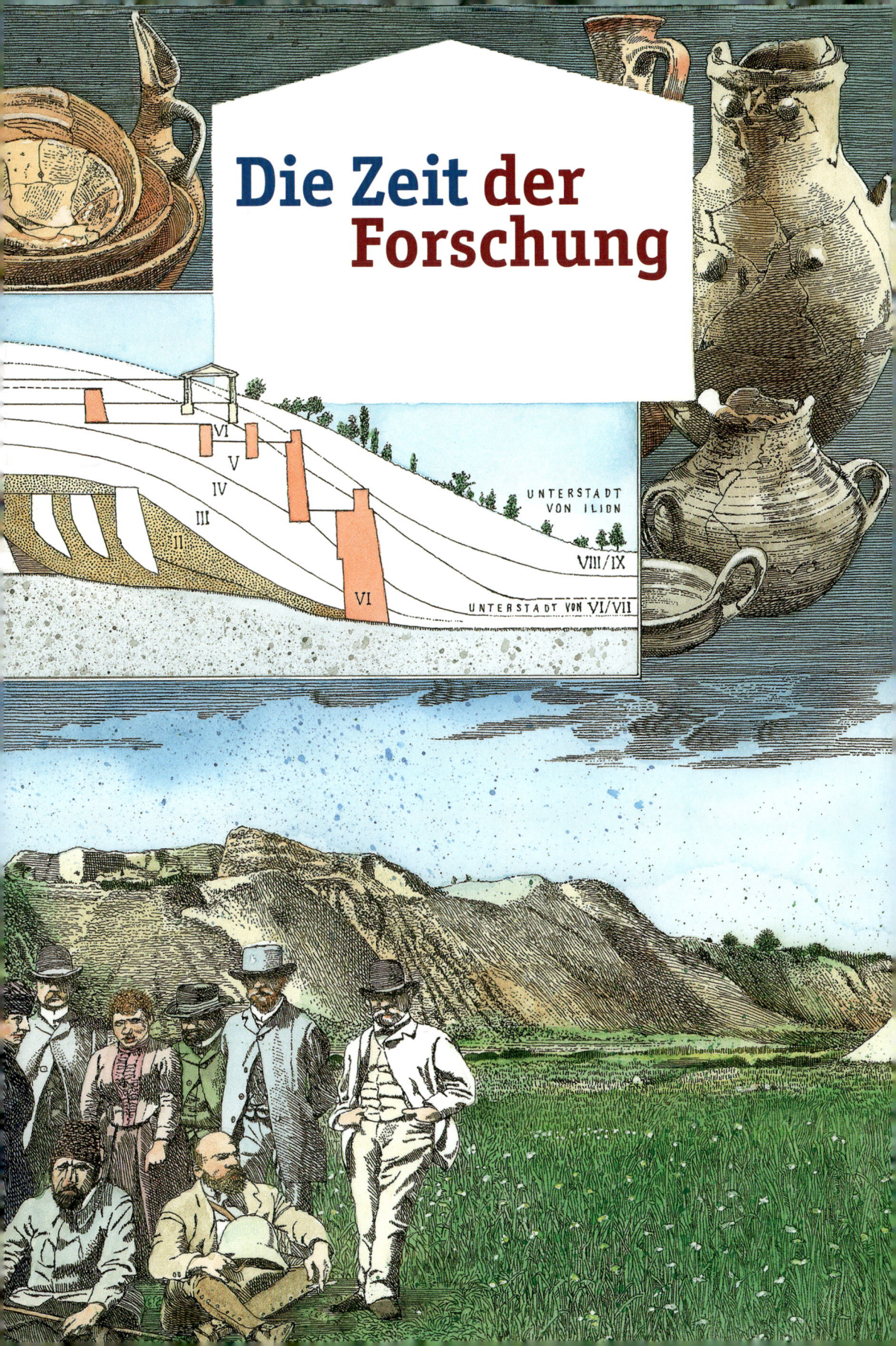

Die Zeit der Forschung

Ein verwackelter Tortenhügel gibt
Geheimnisse aus 3500 Jahren Geschichte preis

Nach Heinrich Schliemanns plötzlichem Tod führte Wilhelm Dörpfeld die Grabungen in *Troia* in den Jahren 1893 und 1894 weiter – länger als eigentlich geplant. Und in dieser Zeit gelang es ihm, eines der schwierigsten Rätsel des Hisarlik-Hügels zu lösen.
Die Rätsel-Frage lautete: Was aus diesem Hügel gehört wohin?
Es ist sicherlich kein Zufall, dass ein Architekt Ordnung in dieses Labyrinth brachte. Dörpfeld hatte – wie schon geschildert – bereits ein ähnliches Rätsel in Olympia gelöst. Dort waren die einzelnen Bauteile der antiken Wettkampfstätte durch Erdbeben und Überschwemmungen durcheinandergewürfelt worden.
In *Troia*/Hisarlik lag das Problem etwas anders, denn hier waren die Bauteile nicht auseinandergerissen, sondern lagen übereinander und ineinander verschachtelt. Es handelte sich um einen labyrinthartigen Burgberg, in dem Spuren verschiedenster Kulturen über einen Zeitraum von mehreren Jahrtausenden miteinander verwoben und ineinandergeschoben wurden – als hätte jemand mit einer Schwarzwälder Kirschtorte einen Wettlauf veranstaltet.
Dörpfeld entwirrte das Labyrinth des Hisarlik-Hügels, indem er in detektivischer Puzzlearbeit den Verlauf der einzelnen Siedlungsschichten genau verfolgte und sie in eine große Karte einzeichnete. Bei den Grabungen wurde genau auf den Verlauf der Schichten geachtet: Wie viele Schichten traten jeweils zutage? Wo genau hörte

der Schutt einer Epoche auf, wo änderten sich die Farbe und Dichte der überwiegend aus Lehm bestehenden Schichten? Wo markierte eine Brandspur das Ende einer Siedlung? Oder änderte sich nur in der darüberliegenden Schicht die Art der Keramik?

Zunächst schimmern dem Betrachter der Karte nur unterschiedlichste Formen und Farben entgegen: Goldfarbene Rechtecke werden von hellblauen Flächen abgelöst, die wiederum von roten Linien umrahmt werden. Dann erkennt man, dass sich dazwischen noch grüne, violette, karierte und schwarze Flächen, Linien und Bänder schieben. Und allmählich bilden sich Muster heraus: Der Grundriss des Ruinenhügels gleicht einem von unsicherer Hand gezeichneten Halbkreis; orangefarben sind die Reste der uralten *Troia*-Zeit (I) eingezeichnet. Sie verlaufen quer durch den Schliemanngraben, den der ehrgeizige Ausgräber in den Hügel hatte treiben lassen. Für diese Zeit konnte Dörpfeld zwei Perioden unterscheiden. Zu der jüngeren gehört ein orangefarbener Halbkreis, der um den Graben verläuft: eine erste Befestigungsmauer. Dieser Halbkreis wird von einem gelben ungleichmäßigen Kreis eingerahmt: die Residenz der prähistorischen *Troia*-Zeit (II). Hier konnte der Architekt sogar drei unterschiedliche Siedlungsperioden unterscheiden.

Nach Westen, Süden und Osten hin wird dieser Kreis wiederum von einigen roten Rechtecken und einem halbkreisförmigen roten Band eingerahmt: die Festung des mykenischen *Troia* VI mit ihrer gewaltigen Burgmauer.

Und dann gibt es noch Gebäude, hell- und dunkelblau markiert, die sich in die Burgmauer schieben: Gebäude der späteren hellenistisch-römischen Zeit wie das Odeion, das kleine Theater (VII – IX).

Dörpfeld hat als Erster das Labyrinth von *Troia* entschlüsselt und mit seiner Karte ein Meisterwerk der Enträtselung geschaffen, das im Grundriss bis heute gültig ist. Außerdem war sich Dörpfeld sicher, dass er mit der gewaltigen Festung *Troia* VI das Troja Homers gefunden hatte. Viele Gelehrte schlossen sich dieser These an, aber nicht alle konnten überzeugt werden. Es gab weiterhin Stimmen, die in Troja eine literarische Schöpfung Homers sahen.

Während die Ruine zur Ruhe kam, spielte sich in ihrer Sichtweite ein neuer Trojanischer Krieg ab. Ja, die Ruine sollte darin sogar eine Rolle spielen.

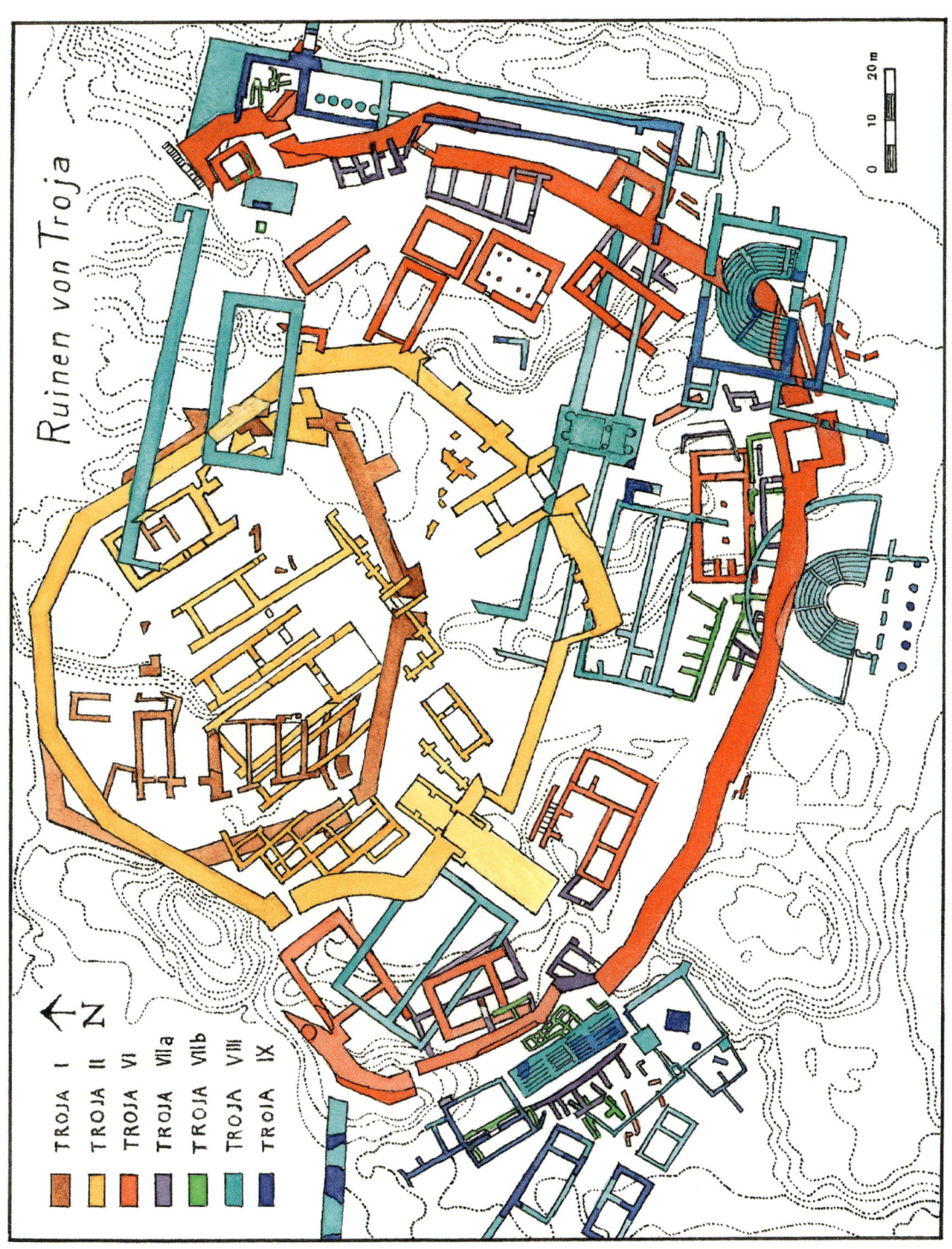

Bajonettkämpfe um *Troia*

Im April 1915 an der Einfahrt zur Dardanellen-Meerenge. Seit mehr als einem Jahrhundert wurde das Osmanische Reich nur noch »der kranke Mann am Bosporus« genannt, da es Stück für Stück von seinen einst eroberten Gebieten wieder abgeben musste. Und weil es sich nicht dagegen wehren konnte, wurde es immer enger von Russen, Briten und Franzosen eingekreist und ausgenommen. Daher sahen die Türken Anfang des 20. Jahrhunderts im Deutschen Reich ihren besten Bündnispartner und ließen sich in den Ersten Weltkrieg hineinziehen. Unterstützt von den Deutschen, sperrten sie die ganze Dardanellen-Meerenge mit Minen und Geschützen, damit Frankreich und Großbritannien ihrem Verbündeten Russland keinen Nachschub mehr liefern konnten.

Das konnten die Alliierten nicht hinnehmen – im Frühjahr 1915 versuchten sie die Blockade der Meerenge mit einer ganzen Armada von alliierten Kriegs- und Handelsschiffen zu brechen. Nachdem etliche Schiffe durch Minen oder Geschützbeschuss versenkt worden waren, wurde der nächste Angriff mit Landungstruppen unternommen. Invasionstruppen aus Briten, Franzosen und Australiern versuchten 292 mörderische Tage lang, die Meerenge einzunehmen. Was dabei dort passierte, erinnerte den deutschen Archäologen und Militärberater Theodor Wiegand an den Trojanischen Krieg: »Die Kämpfe bei Kum-Kaleh und Jeniköi waren sehr blutig, alles Bajonettkämpfe und alles auf sehr engen Raum gedrängt, so daß die Kampfmethoden der Griechen und Trojaner fast wieder zu Ehren gekommen sind.«

Mit »fast wieder« meinte Wiegand, dass die meisten Soldaten nicht im offenen Kampf, sondern durch die heimtückischen Minenfelder oder den pausenlosen Artilleriebeschuss jämmerlich in ihren Schützengräben ums Leben kamen.

Im Vorfeld hatte der deutsche General der Artillerie, Nicolai, auf dem Burghügel von *Troia*/Hisarlik Schützengräben und einen Beobachtungsposten anlegen lassen. Lobend hob Wiegand in einem Brief an seine Frau hervor, dass die Soldaten jedoch streng darauf geachtet hatten, dass die Ausgrabungen keinen Schaden nahmen: »Damit hat sich General Nicolai einen entschiedenen Dank der Archäologie erworben.«

An die rund 180 000 osmanischen und die 360 000 alliierten Opfer erinnert heute ein Nationalpark mit Denkmal auf der Gallipoli-Halbinsel gegenüber der Troas.

Im Jahr 1932 kamen Amerikaner an die Dardanellen-Meerenge; sie kamen jedoch nicht als Eroberer, sondern als Forscher. So war es der Archäologe Carl William Blegen, der mit seinem Team in den folgenden sechs Jahren Ausgrabungen in *Troia* durchführte. Dabei bestätigte er im Wesentlichen die Resultate von Dörpfeld und mehr noch: Die inzwischen verbesserten Forschungsmethoden und ein größeres Hintergrundwissen über die Bronzezeit führten zu verfeinerten Ergebnissen. So wussten die Archäologen beispielsweise schon viel besser über die einzelnen Keramikstile der ägäischen Frühgeschichte Bescheid. Archäologen vergleichen sie gern mit Automarken. Bei den Kraftfahrzeugen waren die Karosserien in den 40er- und 50er-Jahren eher ausladend und später zweckmäßig geformt; heute sind sie eher aerodynamisch. Ganz ähnlich verhält es sich mit der frühgeschichtlichen Keramik; auch sie unterlag bestimmten Moden. Jede Epoche brachte in Bezug auf die Form, das Muster und die Farben ihre eigenen Vorlieben und Stilrichtungen hervor.

Aus den Siedlungsschichten konnte Blegens Team insgesamt 46 Bauphasen in neun Hauptschichten »herauslesen« (Hauptschichten heißt: Eine ganz neue Stadt mit neuer Kultur entstand. Bauphasen heißt: Die Stadt wurde ganz oder teilweise zerstört, wieder aufgebaut oder um Stadtteile ergänzt.). Beginnend mit der untersten Schicht, *Troia* I, das in grauer Vorzeit gestanden haben muss, werden die Perioden nach oben durchgezählt bis zu *Troia* IX (hierzu gehört auch die weiter oben angesprochene hellenistisch-römische Kult- und Badestätte).

Waren die Stratigrafie und die unterschiedlichen Keramikstile auch äußerst hilfreich bei der Untersuchung und Trennung der Schichten voneinander, so boten sie allerdings immer noch keine Möglichkeit, die Datierung der jeweiligen Schicht absolut zu bestimmen. Die Forscher konnten nicht sagen: »Dieser Fund stammt aus dem Jahr 1250 vor Christus.« Sie konnten lediglich bestimmen, welcher Fund älter war als ein anderer, gleich alt oder jünger.

Außerdem stellten sie in manchen Mauerresten von *Troia* VI Verschiebungen fest, wie sie typisch für Erdbeben sind. Deshalb schlussfolgerte Blegen: Kein Krieg, sondern eine Naturkatastrophe brachte das Ende.

Blegen fand jedoch schnell einen guten Ersatz: Die von ihm unterschiedene nächste Schicht – *Troia* VIIa – weist eindeutig Brandspuren auf. Die Stadt brannte ab, weil sie möglicherweise erobert und angezündet worden war. So schlussfolgerte Blegen: »Angesichts unseres heutigen Wissens kann man nicht länger daran zweifeln, daß tatsächlich ein historischer Trojanischer Krieg stattgefunden hat, in dem eine Koalition von Achaiern oder Mykenern unter der anerkannten Oberherrschaft eines Königs gegen das trojanische Volk und seine Verbündeten kämpfte.«

Diese Korrektur passte dem mittlerweile betagten Wilhelm Dörpfeld aber gar nicht, und in mehreren Artikeln übte er Kritik an Blegens Schlussfolgerungen. Der Streit zwischen ihnen ging allerdings nicht darum, ob es einen Trojanischen Krieg überhaupt gegeben hatte, sondern nur darum, wann und in welcher Schicht er zu finden sei.

Dieser Disput ging in der Öffentlichkeit weitgehend unter, denn alle Welt schaute zu dieser Zeit gebannt auf das nationalsozialistische Deutschland. Es verleibte sich nach Böhmen und Mähren auch Österreich ein und zettelte ein Jahr später mit dem Angriff auf Polen den Ausbruch des Zweiten Weltkriegs an. Nach anfänglichen Eroberungen wurde es von der Allianz aus Engländern, Franzosen, Amerikanern und Sowjet-Russen 1945 besiegt.

Während des Krieges wurde der Schliemann-Schatz in einem Bunker eingelagert, 1945 war er dann verschwunden. Rund 50 Jahre lang gab es immer neue Gerüchte, wo der Schatz wohl abgeblieben ist …

Kaum hatten die kapitalistischen USA und das kommunistische Russland (genau: Union der Sozialistischen Sowjetrepubliken) Nazi-Deutschland besiegt, zerstritten sie sich und begannen, möglichst viele Länder unter ihren Einfluss zu bringen: Westblock gegen Ostblock. Auch in diesem Kalten Krieg galt die Dardanellen-Meerenge als strategisch bedeutsam, denn ein Großteil der Sowjet-Flotte war im Schwarzen Meer stationiert und musste auf dem Weg in den Atlantik diesen Weg passieren. Die Türken erklärten die Meerenge und die angrenzende Troas zum militärischen Sperrgebiet. So blieb der Schauplatz des ältesten abendländischen Epos gut 50 Jahre sich selbst überlassen.

Auch um die Grabungsstätte *Troia*/Hisarlik kümmerten sich die türkischen Behörden nicht weiter. Sie errichteten ein Häuschen am Eingang, um Eintritt zu kassieren, doch in den Ruinen konnte jeder Besucher tun und lassen, was er wollte.

Die Grabungsstätte erodierte: Wind und Regen im Winter und Touristenströme im Sommer ebneten den Schliemanngraben fast völlig ein, an anderen Stellen stürzten Mauern ein oder wurden von Gräsern und Sträuchern überwuchert.

Nur Mustafa Ascim, der Manager des Hotels Hisarlik, der viele Touristengruppen über das Grabungsgelände führte, beschäftigte sich mit Homer und Schliemann und den Ausgrabungen. Liebevoll errichtete er eine kleine Holzhütte neben dem Hotel. Sie ist ein Nachbau des ersten Grabungshauses von Schliemann. Im Innenraum hat Mustafa Gegenstände rund um *Troia* und Schliemann ausgestellt: Funde aus der Umgebung, ein Bildnis Schliemanns in Lebensgröße, aber auch englische und deutsche Zeitungsartikel über die neuesten Grabungsergebnisse.

Siedlungsschicht Troia I (ca. 3000 bis 2600 vor Christus)

Zu Beginn lag der Hisarlik-Hügel an einer großen Meeresbucht, die im Norden in die Dardanellen-Meerenge einmündete. Direkt auf dem Felsboden errichtet, befand sich eine dorfähnliche Anlage, die schon bald von einer nach innen geneigten steinernen Befestigungsmauer umgeben wurde. Die Bewohner betrieben Ackerbau, Viehzucht und Fischfang. Häuser und Stadtmauern bestanden aus Steinfundamenten, auf denen Wände aus Lehmziegeln errichtet wurden. Die Bauten hielten höchstens 20 bis 30 Jahre, und wenn sie einstürzten, wurden sie eingeebnet. In der so entstandenen 4 Meter dicken Siedlungsschicht werden inzwischen zehn Bauphasen unterschieden.

Nicht eine Inschrift

Während die Ruinen still vor sich hin schlummerten, wurden zu allen Jubiläumsanlässen die guten alten Schliemanngeschichten wiederbelebt. Noch 1990 – zum 100. Todestag von Heinrich Schliemann – war in fast allen Medien zu lesen, er habe den Ort des Trojanischen Krieges wiederentdeckt und das Troja Homers ausgegraben. (Falscher geht's nicht!)

Während all der Jahre blieb jedoch die Forschung nicht stehen, sie gewann ein immer genaueres Bild von der Zeit, in der Homers Krieg gespielt haben muss, das Griechenland der Spätbronzezeit und die vier Jahrhunderte direkt vor Homer, das sogenannte Dark Age.

In der Zeit um 1600 bis 1500 vor Christus entstanden überall auf der Peloponnes und in einigen Regionen auf dem griechischen Festland eigenständige Fürstentümer, die im Zentrum ihrer Herrschaftsgebiete Burganlagen wie die von Mykene errichteten. Aber die Mykener waren nicht allein. Zu dieser Zeit gab es schon eine Hochkultur auf Kreta, die sich zeitweilig bis auf die Peloponnes erstreckte: die minoische Kultur. Um 1450 vor Christus, nachdem ein Erdbeben die Minoer geschwächt hatte, wurden sie von den Mykenern unterworfen. Gleichzeitig übernahmen sie wichtiges Knowhow von den Minoern. So passten sie die minoische Schrift ihrer eigenen Sprache an: Aus der Linear-A- wurde die Linear-B-Schrift.

Die mykenischen Fürstentümer übernahmen auch das minoische Handelsnetz – das beweisen die kostbaren Beigaben der Fürstengräber wie Gold, das sie zur Fertigung des Schmucks aus dem Karpatenraum bezogen, oder Bronze, die zur Herstellung der Waffen aus Mesopotamien eingeführt wurde.

Und genauso wie die Minoer ließen die mykenischen Herrscher großartige Palastanlagen mit bunt verzierten Festsälen errichten, deren dicke Säulen im Zickzack-Stil bemalt waren.

Mykene mit seinen vielen Herrschersitzen und die Geschichte der späten Bronzezeit passen genau zum Trojanischen Krieg der *Ilias*: Um 1250 vor Christus wurde tatsächlich die damalige Stadt *Troia* auf dem Hisarlik-Hügel zerstört. Ägyptische Hieroglyphen-Texte berichten von einem Ansturm der »Seevölker« (bis heute rätselt man, wer das war), die den friedlichen Handel im östlichen Mittelmeerraum beendeten. Kurze Zeit darauf ging auch die mykenische Welt unter.

Hier gibt es nun aber ein Problem, denn zwischen Homer und der mykenischen Zeit liegen 400 Jahre – was geschah in dieser Zeit?

Um 1100 vor Christus wurde die Burg von Mykene vermutlich durch ein Erdbeben und anschließende Feuersbrünste zerstört und nicht wieder aufgebaut. Ganz Griechenland versank für einige Jahrhunderte in einen Dornröschenschlaf. Diese Epoche (11. bis 8. Jahrhundert vor Christus) werten die Historiker als das »Mittelalter der Antike«.

Der Niedergang der Kultur erreichte im 11. Jahrhundert vor Christus seinen Höhepunkt. Sämtliche technischen Fähigkeiten gingen verloren, und die Ägäisbewohner verfügten über keine Schrift mehr. Selbst einfache Töpferwaren wurden klobig und nur noch mit schlichten Strichen verziert.

Eine Entdeckung allerdings hebt sich aus dieser Verfallszeit ab: Ein neues Metall wurde eingeführt – Eisen.

Eisenwerkzeuge, vor allem jedoch Waffen, die aus diesem Metall gefertigt sind – wie Schwerter oder Speerspitzen –, sind viel robuster als solche aus Bronze. Diese Eisengegenstände oder zumindest der Werkstoff Eisen stammen vor allem aus Zypern, denn der Seehandel brach entgegen früherer Annahmen auch in dieser Zeit nicht zusammen. Durch ihn kamen auch seltenere Luxusprodukte aus dem Orient ins Land. Und auch die Schrift hielt über diesen Weg im 8. Jahrhundert vor Christus wieder Einzug in Griechenland.

Einzelkämpfer, die unter den Feinden wüten, sind nur mit Eisenwaffen vorstellbar. Und diese Waffen finden sich in den Gräbern aus dieser Zeit zuhauf. Es muss eben eine Epoche gewesen sein, in der die Männer ständig Waffen trugen, auch zu Hause. Gleich beim Aufstehen legten sie ihr Schwert an. Genauso schildert Homer seine Helden!

Das ständige Waffentragen ist allerdings zugleich ein Indiz für eine schwache Zentralgewalt. Je stärker der Herrscher und seine Ordnungskräfte, desto weniger

Waffen tragen die Männer im Alltag. In Stadtstaaten wie Athen war das Waffentragen in der Öffentlichkeit verpönt.

Fassen wir zusammen: Die Jahrhunderte von 1100 bis 800 vor Christus waren eine unruhige Zeit mit schwachen lokalen Herrschern.

Passen diese Zeitumstände zu dem edlen Agamemnon, der zehn Jahre vor Troja ausharrte, nur um die Ehre seines kleinen Bruders zu retten? Besonders der amerikanisch-britische Althistoriker Moses Finley beschäftigte sich mit dieser Frage und zog den Schluss: Wenn es die von Homer geschilderte Welt tatsächlich gegeben haben sollte, in der für Männer nichts wichtiger war als das Streben nach ruhmreichen Kämpfen und Schlachten, dann muss es diese Epoche gewesen sein. Der Beweis: Ständig verteidigen die Helden ihre Ehre mit dem Schwert, und ständig wird in der *Ilias* gebrandschatzt, und Sklaven werden genommen. Mitgefühl kennen die Helden nicht, lediglich bei der Aufteilung der Beute muss es gerecht zugehen.

Gleichzeitig gewannen Finley und seine Kollegen immer mehr die Einsicht, dass Troja nur ein literarischer, also ein erfundener Ort war: »Die Herrscher in Knossos, Mykene und Troja haben versäumt, sich ein Denkmal zu setzen. Jedem steht es frei, in Agamemnon von Mykene und Priamos von Troja historische Persönlichkeiten zu sehen; an Ort und Stelle hat man jedoch nicht das Geringste von ihnen gefunden, nicht einmal die Namen in Stein oder auf einem Siegel.« Nicht nur die Namen von Priamos, Hektor, Paris und Aeneas fehlten – ebenso gab es nicht eine Inschrift, die *Troia* VI oder VIIa eindeutig als Homers Troja auswies.

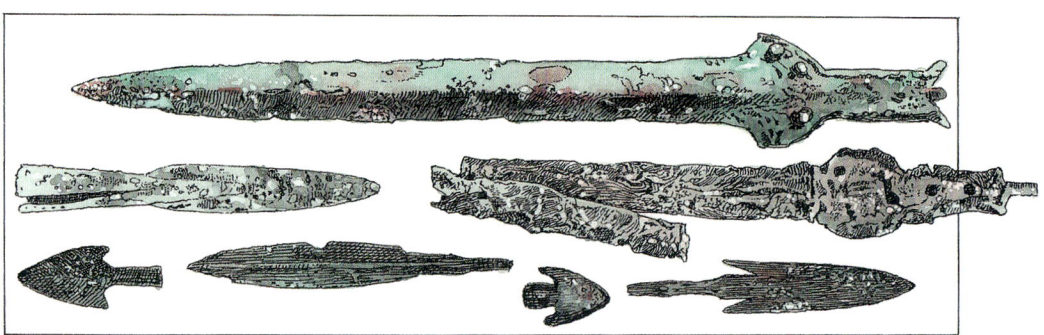

Korfmann kommt

Anfang der 1980er-Jahre tauchte ein junger deutscher Forscher mit seinem Team auf der Troas auf: Manfred Korfmann, Professor für Ur- und Frühgeschichte an der Universität Tübingen. Allerdings traute er sich zunächst nicht direkt an den Hisarlik-Hügel, sondern begann in der Beşik-Bucht mit Geländebegehungen und Ausgrabungen. Dabei fand sein Team nicht nur Hinweise auf einen bronzezeitlichen Hafen, sondern auch Gräberfelder, deren Beigaben aus ganz unterschiedlichen Kulturen stammten: eine Art »internationaler Seemannsfriedhof der Antike«.

Schließlich war es Korfmanns Tutorin, die Amerikanerin und große Dame der Archäologie Machteld Mellink, die dem deutschen Archäologen vorschlug, doch auch auf *Troia*/Hisarlik selbst zu graben. Gleichzeitig signalisierten die türkischen Behörden: Wenn *dieser* Mann es macht, ist es okay!

Die Ausgrabungen begannen im Sommer 1988 höchst unspektakulär, denn aus der völligen Erosion der Grabungsstätte ergab sich zunächst eine unspektakuläre Aufgabe: Die älteren Freilegungen wurden mit neuer Technik vermessen, gründlich gereinigt und instand gesetzt. Nun ließ sich das *Troia*-Labyrinth wieder bestaunen. Die Mauer von *Troia* VI/VII a bildet den größten zusammenhängenden Komplex, der einen Teil der Grabungsstätte umgrenzt. Dann geht es über steinerne Treppen ins Innere. Von einzelnen Marmorfragmenten des griechisch-römischen Athena-Tempels fällt der Blick auf die Befestigungsmauer *Troia* I, eine Differenz von 2000 Jahren. Von der Steinrampe *Troia* II, neben der Schliemann seinen »Schatz« fand, geht es über eine Treppe zum Megaronhaus *Troia* VI, eine Zeitreise von 1000 Jahren.

Manfred Korfmann bezeichnete diese 20 Meter dicke Hügelkuppe als »Glücksfall für die Archäologie«, denn diese Überlagerung von Siedlungen – vergleichbar mit einer Zwiebelschale – über eine Zeit von 3500 Jahren ermöglicht eine einmalige zusammenhängende Chronologie. Jede der bereits von Blegen unterschiedenen 46 einzelnen Bauphasen in neun Hauptperioden ist angefüllt mit Spuren untergegangener Zivilisationen. In den Lehmresten finden sich Zigtausende von Keramikscherben, Knochen, aber auch kleinste

> **Siedlungsschicht Troia II**
> **(ca. 2600 bis 2330 vor Christus)**
> Die Siedlung bestand aus einer Burg und einer Unterstadt. Die Burganlage verfügte über große repräsentative Gebäude. Vermutlich war es eine Residenz oder Palastanlage. Die Unterstadt breitete sich weitläufig südlich und östlich des Hisarlik-Hügels aus. Weitverzweigte Handelskontakte werden für diese Phase nachgewiesen. Der von Schliemann gefundene Goldschatz stammt aus dieser Periode.

MANFRED KORFMANN

Schmuckstücke, und so hoffen die Archäologen, dass vielleicht irgendwo auch ein kleines Schriftstück darunter ist, eine Inschrift, eine Schreibtafel oder ein Siegel.

Was sich vor allem seit der Blegen-Ausgrabung in den 1930er-Jahren geändert hat: Jeder kleine organische Fund lässt sich heute mit Hilfe der ^{14}C-Methode zeitlich genau einordnen. Die Archäologen können nun jede Schicht exakt bestimmen, sobald sich darin ein Objekt befindet, das Kohlenstoff enthält wie Holzkohle oder ein paar Samenkörner.

So lassen sich mit jedem neuen organischen Fund die *Troia*-Schichten zeitlich immer genauer eingrenzen. Es fängt an mit *Troia* I, dessen älteste Bauphase auf die Zeit um 3000 vor Christus datiert wurde. Über diese Urschicht stülpen sich die 45 weiteren Bauphasen wie Tortenschichten, doch auch in diesem Aspekt korrigierten die Archäologen das Bild von *Troia*/Hisarlik: Die Schichten bilden eher ein Zwiebelschalenmuster.

Wie wir schon hörten, planierten die Bewohner die Lehmziegel ihrer alten Häuser ein. Doch da die Siedlung auf dem Hügel ständig wuchs, wurde der Schutt über die Hügelränder hinaus verteilt, um eine größere Grundfläche zu erhalten. Die jüngeren Schichten umschlossen die älteren eben wie Schalen einer halbierten Zwiebel. Ob Torte oder Zwiebel – das Ausgraben machten beide Formen nicht einfach: Da jedes Freilegen einer bestimmten Epoche andere darüberliegende zerstört hätte, ließ Korfmann keine neuen Gräben à la Schliemann anlegen, sondern im Wesentlichen nur vorhandene weiterführen. So wurden in der Verlängerung des genannten Schliemanngrabens *Troia*-II-, -III-, -IV- und -V-Siedlungsschichten freigelegt, die zum Teil übereinanderliegen, zum Teil aber auch ineinander verschoben sind.

Während dieser archäologischen Detektivarbeit wurde Korfmann nicht müde, jedem Mitarbeiter, jedem Besucher und jedem Journalisten immer wieder sein Anliegen zu erklären. Er kletterte mit ihnen über Holzbohlen in den schmalen Schacht des alten Schliemanngrabens und wies auf den mehrere Meter hohen Lehmboden zu beiden Seiten: »Diese Erdschichten haben im Abendland wohl kaum ihresgleichen!«

Das Ziel der neuen Grabungen bestand eben nicht darin, wissenschaftliche Beweise für die historische Existenz von Priamos und Hektor zu finden, denn ihre Kultur (*Troia* VI/VIIa) bildet nur einen kleinen Teilbereich des historischen Spektrums.

Die bis zu 95 am *Troia*-Projekt beteiligten Wissenschaftler und Techniker hatten Größeres vor. Die Archäologen, Architekten, Bauingenieure, Geologen, Biologen, Zoologen, Numismatiker (Münzenkundler), Historiker und Philologen – sie alle wollten hier, wo sich Orient und Okzident berühren, die Verbindungen der unterschiedlichen Kulturen während der Frühzeit in größtmöglicher Breite erforschen. So fand das Grabungsteam auf dem Kumtepe – einem Hügel direkt an der Ägäisküste – Hinweise auf eine Siedlung aus dem 7. Jahrtausend vor Christus. Bereits mehr als 3000 Jahre vor der Besiedlung *Troia*s hatten Menschen also schon die Vorzüge dieses Areals erkannt.

Die ^{14}C-Datierung

Mit dem ^{14}C-Verfahren, auch Radiokarbonmethode genannt, lässt sich das Alter von Materialien organischen Ursprungs – Holz, Knochen, Samen – für die archäologisch interessanten Zeiträume ziemlich exakt (+/− 40 Jahre) bestimmen. Das radioaktive Kohlenstoffisotop ^{14}C wird durch kosmische Strahlung in der Luft gebildet und hat eine Halbwertzeit von ca. 5730 Jahren. Solange Organismen leben, atmen sie mit der Luft auch ^{14}C ein und halten die Konzentration dieses Stoffes konstant. Sie nimmt ab, sobald der Organismus stirbt.

Mit Hilfe von neuen Methoden kann selbst von kleinen Proben die Restmenge des Stoffes gemessen und so auf das Alter des Materials geschlossen werden. Allerdings wird die Konzentration nach 40 000 Jahren zu gering, um sie noch zuverlässig bestimmen zu können. Außerdem scheint das Verhältnis zwischen natürlichem und radioaktivem Kohlenstoff in der Atmosphäre nicht immer konstant gewesen zu sein. Deshalb werden als Vergleichsmaßstäbe immer häufiger ein anderer radioaktiver Zerfallsprozess oder die Jahresringe sehr alter Bäume herangezogen, aus denen ein absoluter Kalender erstellt wird.

1150 v. Chr.
14.–12. Jh. v. Chr.

Meerenge und Weizenfelder im Fadenkreuz

Worin bestanden die Vorzüge, warum bauten die Menschen auf dem Hisarlik-Hügel eine Siedlung nach der anderen? Einen ersten Hinweis erhielten die Forscher, als sie das Areal zwischen *Troia* und der fünf Kilometer weiter nördlich liegenden Meerenge untersuchten. Dabei halfen ihnen besonders in regelmäßigen Abständen vorgenommene Bohrungen: Ähnlich wie auf Hisarlik zeigen sie, welche Erdschichten sich hier im Laufe der Zeit abgelagert haben – nur hier nicht von Menschenhand, sondern auf natürlichem Weg. Das Ergebnis: *Troia*/Hisarlik lag einst direkt am Meer, genau gesagt bildete es ein Felsplateau, das in eine Meeresbucht hineinragte. Es war ein idealer Siedlungsplatz: Zum Fischen und Jagen war es nicht weit, gleichzeitig ließ sich der auf drei Seiten von Felsküste umgebene Platz gut verteidigen und die Meeresbrise vertrieb die Insekten.

Skamander und Simoeis versorgten die Bewohner mit Trinkwasser. Allerdings führten die beiden Flüsse auch Sedimente mit sich, die sie an ihren Mündungen in der Bucht ablagerten. So verlandete die *Troia*-Bucht allmählich. *Troia* VI lag schon einen Kilometer von der Bucht entfernt, die aber immer noch groß genug für einen Hafen gewesen wäre.

Zur Zeit von Homer und *Troia* VIII war die Bucht schon arg geschrumpft und lag vier Kilometer von der Stadt entfernt, heute ist sie ganz verschwunden.

Wenn wir uns nun genau dort hinstellen, wo die Bucht einst in den Ausgang der Meerenge mündete, dann können wir den nächsten Hinweis auf *Troia*s günstige Lage entdecken: Der Wind weht hier ohne Unterlass, und nur schwach dringt das Tuckern eines motorisierten Fischerbootes herauf. Das kleine Boot will in die Meerenge einlaufen und kämpft gegen die starke Strömung und den Wind. Dabei kommt es kaum von der Stelle. Hatten antike Segelschiffe da überhaupt eine Chance, in die Meerenge zu gelangen auf ihrem Weg ins Schwarze Meer?

Geologen haben die Wind- und Strömungsverhältnisse über einen längeren Zeitraum hinweg genau gemessen. Sie interessierte vor allem das Sommerhalbjahr (Mai bis September), nur in dieser Jahreszeit machten größere Schiffsexpeditionen Sinn, denn im Winterhalbjahr stürmt die See zu oft. Das Ergebnis: Den einfahrenden Schiffen weht fast immer ein kräftiger Nordostwind entgegen, nur an rund 14 Tagen weht ein günstiger Südwestwind. Zusammen mit der starken Strömung, die Richtung Ägäis verläuft, stellte der Wind also ein gewaltiges Hindernis dar, um in die Meerenge einzulaufen. Und die Forscher haben genug Hinweise dafür, dass es sich auch in den vergangen 4000 Jahren so verhielt.

Hier findet sich die Antwort auf die Frage, warum die Menschen während drei Jahrtausenden nach jeder Zerstörung wieder genau an dieser Stelle eine Stadt aufgebaut haben. Wer den Hisarlik-Hügel besetzt hielt, kontrollierte die Zufahrt zur Meerenge und zum Schwarzen Meer. Der konnte von den Schiffen, die auf günstige Winde warteten, Wegezoll verlangen.

Die Schiffe und ihre Besatzungen warteten sicher in der südlich von *Troia* gelegenen Beşik-Bucht, in der Korfmann ja schon den »internationalen Seemannsfriedhof« fand.

Warteten hier nur die Schiffe der Durchreisenden, oder war die Bucht der Haupthafen von *Troia*? Das wissen die Forscher nicht, denn trotz allerneuester Technik können sie die verlandete Bucht nicht nach Schiffsplanken oder Resten einer Hafenmole absuchen, die zig Meter unter der Erde liegen.

Auf jeden Fall steht fest: Es muss für die schwer manövrierbaren Schiffe der Antike fast unmöglich gewesen sein, die Küste der strömungsstarken Meerenge anzulaufen, um in die Bucht von *Troia* zu gelangen.

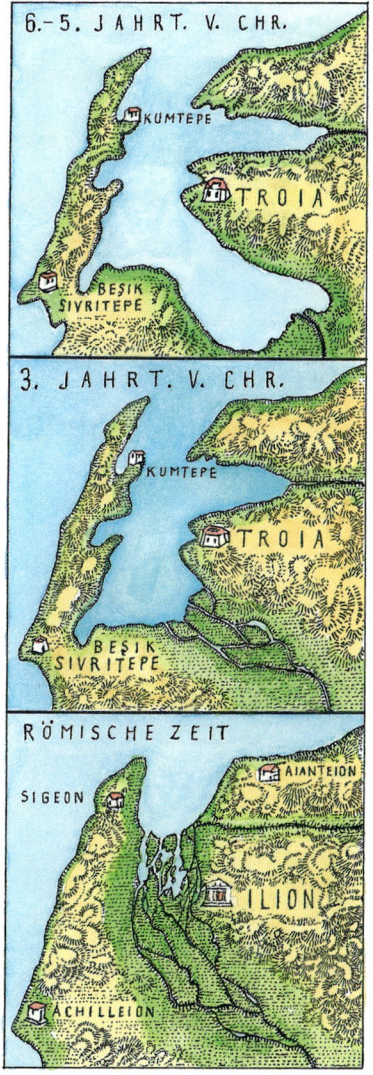

Wo auch immer der eigentliche Hafen lag – der Eingang zur Meerenge zwischen Schwarzem Meer und Ägäis, zwischen Orient und Okzident war immer umkämpft. Davon erzählen nicht zuletzt *Troia*s Ruinen. Alle *Troia*s waren befestigt, und trotzdem gingen sie alle unter.

»Es hat mit Sicherheit nicht nur einen, sondern viele Kriege um *Troia* gegeben«, schlussfolgerte Korfmann.

Die Zollstation *Troia* büßte ihre strategische Sonderstellung ein, als die Seefahrer um die Zeitenwende lernten, mit ihren Segelschiffen gegen den Wind zu kreuzen. Sie steuerten einfach an der Landzunge – außerhalb der Reichweite von *Troia*s Waffen – vorbei und zeigten den Meerengen-Wächtern eine lange Nase oder was sonst gerade Mode war.

Für die Römer war der Standort *Troia* nur noch interessant als Kultort, und so wundert es wenig, dass Konstantin die Hauptstadt für sein Oströmisches Reich lieber weiter nördlich an der Stelle des heutigen Istanbul errichten ließ.

Die Wissenschaftler erforschten aber nicht nur die Umgebung der Grabungsstätte Richtung Meerenge, sondern auch die Landseiten. Wie schon Schliemann umliefen sie immer wieder den Hisarlik-Hügel, allerdings ohne die *Ilias* in der Hand. Zwei von ihnen liefen die abgeernteten Weizen- und Baumwollfelder südlich des Grabungshügels mit einer Art übergroßem Metalldetektor in der Hand ab – und zwar systematisch, immer hin und her.

Helmut Becker und Hans-Günter Jansen sind Vermessungsingenieure. Ohne einen Spatenstich spürt ihr Magnetometer vom Menschen bearbeitete Materialien als magnetische Störungen noch im tieferen Untergrund auf. So entdeckten sie noch unter ebenfalls im Erdreich versunkenen römischen Ruinen von Novum Ilium weitere Siedlungsreste. Es war die Unterstadt zum spätbronzezeitlichen *Troia* VI/VIIa. Damit löste sich für die Forscher ein Rätsel. Schliemann, der Homers örtliche Angaben für zuverlässig hielt, zeigte sich schwer enttäuscht, als er sein »Troja« ausgegraben hatte. Der Dichter habe wohl etwas mit der Größe und Herrlichkeit Trojas übertrieben. Der kleine Burgberg konnte keine große Stadt beherbergt haben. Priamos' Stadt war gefunden, schrumpfte in seiner Bedeutung aber zu einem kleinen Seeräubernest. Doch die Unterstadt rettet nun Homer. Mit einer Ausdehnung von 270 000 Quadratmetern ist sie fast achtmal so groß wie der eigentliche Grabungshügel. *Troia* VI/VIIa war damit eine der größten Städte Kleinasiens in der Bronzezeit, in der bis zu 8000 Menschen leben konnten.

Gern hätten die Wissenschaftler auch gleich Teile der Unterstadt ausgegraben, doch die Felder wurden von den Bauern der Umgebung genutzt. Um dort zu graben, mussten die Wissenschaftler erst einmal mit den Bauern verhandeln und die Areale für eine Saison pachten. Die Bauern merkten natürlich, wie wichtig den Wissenschaftlern das Anliegen war, also stellten sie extrem hohe Forderungen. Erst nach und nach einigte man sich auf einen akzeptablen Kompromiss.

Schatz, ja – Königreich, ja – Priamos, nein!

Was machten die Journalisten aus den ersten aufregenden Ergebnissen der breit angelegten Troas-Forschung? Einer titelte: »Der bedeutendste Schutthaufen der Weltgeschichte!«

Da in ihm aber nichts Großes und Monumentales wie in Ephesos oder Pergamon freigelegt wird, stürzen sich die anderen Journalisten immer wieder auf die glanzvollen Namen: Homer, Priamos und Schliemann. Und die breite Öffentlichkeit interessierte fast nur: Hat es denn den Trojanischen Krieg nun gegeben oder nicht?

Im Laufe des Jahres 1994 verbreiteten sich immer neue Gerüchte über den Verbleib des im Zweiten Weltkrieg verschwundenen Schliemann-Schatzes. Als dann offiziell wurde, dass er im Archiv des Moskauer Puschkin-Museums aufbewahrt wurde, berichteten alle Medien nur noch vom Schatz des Priamos.

Grabungsleiter Korfmann erhielt als einer der Ersten eine Einladung des Puschkin-Museums, den lange als verschollen gegoltenen Schatz zu sichten. Natürlich freute er sich darüber, dass diese Aufgabe einer Gruppe Wissenschaftler und nicht Politikern zufiel. Aber nun stand wieder der »Troja-Schliemann-Priamos-Komplex« im Mittelpunkt des Interesses.

Als er die einzelnen Stücke unter die Lupe nehmen konnte, war er verblüfft. Er hatte nicht mit der handwerklichen Perfektion gerechnet, die den Goldschmuck, aber auch die Gefäße aus Gold, die Äxte aus Nephrit und Lapislazuli auszeichnen. Nicht wenige der kleinen Objekte – kleinste Ringe, Sternchen und Teile zerbrochener Gegenstände – waren noch mit Erdklumpen verbacken. »An einzelnen Objekten lassen sich sogar noch Brandspuren nachweisen«, erklärte

Korfmann fasziniert. Es waren Brandspuren, wie er sie in seinen frühbronzezeitlichen *Troia*-Schichten vorfand. Deshalb wurde er auch nicht müde zu wiederholen, dass der Schatz nichts mit Priamos zu tun habe. Der Schatzfund gehört nicht zu Homers Troja, sondern zu einer viel früheren Stadt: *Troia* II. Immerhin bestand jetzt die Möglichkeit, über die *Troia*-II-Epoche zu reden.

In den folgenden Jahren stieg Korfmann immer wieder mit Journalisten und Kollegen auf den Hisarlik-Hügel und zeigte auf den noch existierenden Abschnitt der Befestigungsmauern des frühbronzezeitlichen *Troia* II (2600 bis 2330 vor Christus). Dort – unweit der berühmten *Troia*-II-Torrampe – hatten die damaligen Herrscher vor dem Untergang ihrer Stadt Goldschätze im Mauerwerk versteckt, wo sie über 4000 Jahre später von Heinrich Schliemann entdeckt wurden. Allerdings war bis dato über die *Troia*-II-Kultur kaum etwas bekannt.

Mitten in dem aufgewühlten *Troia*-Hügel gab es noch einen unberührten Erdkegel, der bis in die *Troia*-VI-Periode hinaufreicht. Hier legten die Archäologen in den Sommerkampagnen 1998/99 ein unter mehreren Metern Lehm verborgenes Megaron aus der frühen Bronzezeit frei – ein Langhaus mit Zentralbau und Vorhalle (es war nicht das einzige seiner Art). Was diesen Fund so bemerkenswert macht, ist, dass in dem immer wieder für Neubauten eingeebneten Burgberg die verputzten Wände noch bis zu einer Höhe von 1,50 Meter erhalten blieben und das Inventar intakt zu sein schien. An zentraler Stelle stand eine runde Feuerstelle, daneben befand sich eine Art Altar. Auch die vielen Gegenstände, die die Archäologen aus dem Inneren bargen, weisen auf eine Kultfunktion hin. Neben zahlreichen Gefäßen fanden die Forscher ein Kultgefäß mit Griffen in Form von Menschen in Anbetungshaltung, kleinere Bronzegegenstände, Karneol- und Fayenceperlen, ein Stück Bergkristall, einen verzierten Ring aus Geweih und eine Art Keulenkopf aus Fayence – vermutlich aus Ägypten stammend –, der einst grünlich-blau schimmerte und als Zepter diente. Vor allen Dingen Letzterer erfreute Korfmann: »Mit diesem Fundstück, das um 2500 vor Christus sehr kostbar war, befinden wir uns mit Sicherheit im Umfeld der Schatzfunde.«

Eine weitere frühbronzezeitliche Spur verfolgten die Archäologen im südlich angrenzenden Umland. *Troia*-II-Häuser außerhalb der Burg waren ihnen schon bekannt, doch nur vereinzelt und direkt an der Burgmauer gelegen. Die Wahrscheinlichkeit, weitere Bauspuren aus dieser Epoche zu finden, war gering, da die *Troia*-VI-Unterstadt in diesem Bereich direkt auf dem felsigen Untergrund errichtet wurde. Dennoch, mit detektivischem Spürsinn lokalisierten die Wissenschaftler Hinweise auf ein

Bollwerk aus der *Troia*-II-Phase. Sie legten auf 40 Meter Länge dessen Verankerungen im felsigen Untergrund frei, die mit Kalkstein und Keramik verfüllt waren. Das Bollwerk samt Toranlage war ehemals mit Pfosten gespickt; das Holz ist naturgemäß längst vermodert, doch vom Füllmaterial liegen inzwischen ^{14}C-Daten vor. Es stammt aus der Zeit um 2600 vor Christus – die *Troia*-I- und -II-Perioden.

Mit der datierten Befestigungsanlage 200 Meter südlich des Hisarlik-Hügels kannte Korfmann nun die Ausmaße der Unterstadt von *Troia* II: »Bereits Mitte des 3. Jahrtausends vor Christus erstreckte sich *Troia* weit über den Burgberg hinaus.« Dabei zeugt die Stadtanlage mit Burgberg und Untersiedlung eindeutig von orientalischem Einfluss: »Was die Schatzfunde nahelegten – dass sich hier ein überregionales kulturelles und wirtschaftliches Zentrum befand –, wird nun aus der Größe der Stadt heraus nachvollziehbar.«

Der östliche Mittelmeerraum Mitte des 3. Jahrtausends vor Christus. Die Stadtstaaten Mesopotamiens wurden von einzelnen Herrschern zu einem Reich geeint. Unter Sargon I. weiteten die Sumerer ihr Reich bis nach Kleinasien aus. Zu dieser

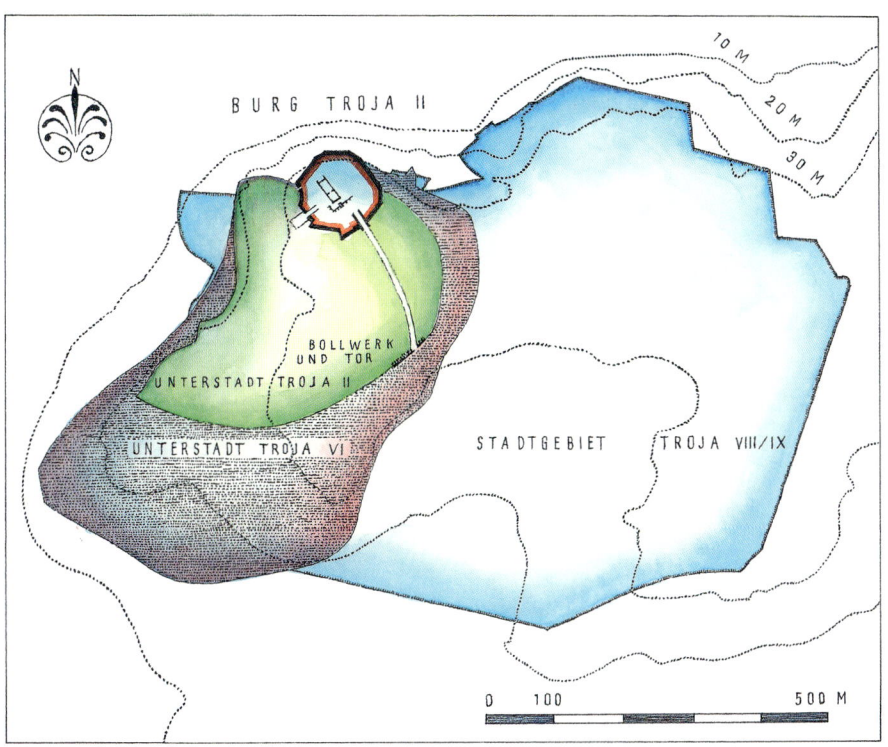

**Siedlungsschicht *Troia* III
(ca. 2350 bis 2200 vor Christus)**

Nur rund 150 Jahre umfasst diese Siedlungsphase, in der die Stadt weiterhin aus einer befestigten Burg und einer Unterstadt bestand. Handwerkstechniken wurden verbessert und die Menschen bauten Reihenhäuser statt Kulträume und Paläste. Offensichtlich gab es keine mächtigen Fürsten.

Die von den Archäologen geborgenen Funde zeigen, dass die Bewohner weniger von der Landwirtschaft leben konnten. Stattdessen mussten sie sich von dem ernähren, was ihnen die Natur bot. Fisch und gejagte Wildtiere standen häufig auf dem Speiseplan.

Mehrmals brannte die Stadt, vielleicht nach Belagerungen. Unter ging sie jedoch um 2200 vor Christus durch ein Erdbeben.

Zeit wurde viel Handel getrieben – 1000 Kilometer Transport brachten rund 100 Prozent Gewinn. Es ist deshalb wohl kein Zufall, dass die aus Zentralasien stammende Zinnbronze zum ersten Mal zeitgleich in *Troia* und in der 1100 Kilometer entfernten mesopotamischen Hafenstadt Ugarit auftaucht. Zur gleichen Zeit entwickelten sich – wie Funde aus dieser Epoche dokumentieren – weitverzweigte Handelskontakte zum Vorderen Orient (Töpferscheibe), nach Osteuropa (Steinaxt), ins Baltikum (Bernstein) und zum Kaukasus (Gold). »*Troia* war bereits im 3. Jahrtausend vor Christus am äußersten Rande der mesopotamisch-anatolischen Kulturen eine Zwischenstation für den Handel mit der Schwarzmeerregion und Europa«, urteilte Korfmann.

Ähnliche Außenposten, ebenfalls wehrhafte Städte mit Burganlagen, fanden die Archäologen bei Demiraküyük nahe dem nordwest-anatolischen Eskişehir und an der Schwarzmeerküste im türkisch-bulgarischen Grenzgebiet bei Kanligeçit.

Auch für die über *Troia* II liegenden Siedlungsschichten zahlte sich die akribische Detektivarbeit der Wissenschaftler schließlich aus. Anfangs dachten die Archäologen, *Troia* III wäre nach dem Untergang von *Troia* II nur eine ärmliche Siedlung gewesen, doch immer neue Entdeckungen in dieser Siedlungsschicht (ca. 2350 bis 2200 vor Christus) zeigen, dass es weiterhin eine Stadt mit befestigter Burg und Unterstadt gab. Gefäße und Werkzeuge aus dieser Zeit beweisen, dass es die Nachkommen der *Troia*-II-Bewohner waren; sie verbesserten sogar deren Handwerkstechniken. Nur: Beim Neuaufbau der Stadt wurden anstelle der großen Megaron-Bauten viele kleine Wohnhäuser errichtet – dieses Mal nicht aus Lehmziegeln, sondern überwiegend aus dem Bruchstein der *Troia*-II-Bauten. Wohnhäuser statt Paläste – das kann heißen: Es gab keinen mächtigen Herrscherclan mehr.

Brandschichten zeigen den Forschern, dass mindestens zwei große Feuer in der Stadt gewütet haben, der Untergang kam jedoch um 2200 vor Christus wohl durch ein Erdbeben. Darauf weisen verschobene Fundschichten hin.

Mit Hilfe ihrer detektivischen Methoden erkannten die Archäologen auch, dass in der *Troia*-IV- und -V-Zeit (2200 bis 1700 vor Christus) das einprägsame Zwiebelmuster nicht mehr gilt. Diese Siedlungen dehnten sich zum Teil weiter über den Hisarlik-Hügel aus als ihre Nachfolgerin *Troia* VI.

Warum das so ist, liegt auf der Hand. Die *Troia*-II- und -III-Siedlungen waren reichere Städte mit einer Burg für die Führung und einer Unterstadt für die Bevölkerung. Nach deren Zerstörung wurde *Troia* von weniger und ärmeren Menschen neu besiedelt, sie gaben in der *Troia*-IV-Zeit die Unterstadt auf und siedelten gemeinsam auf dem Burgberg – dazu benötigten sie mehr Platz als die Fürsten von *Troia* II und III.

Und wer waren diese Neuen? Zuwanderer aus dem Inneren Kleinasiens ließen sich auf dem Hisarlik-Hügel nieder. Sie errichteten sich wie schon die *Troia*-II-Siedler langgestreckte Häuser, deren Lehmziegelwände auf Steinfundamenten standen. Im Gegensatz zu ihren Vorgängern benutzten sie jedoch Gefäße, die kunstvolle Henkel, breite Ausgüsse und reiche Verzierungen aufwiesen. Und sie bauten kuppelförmige Öfen in ihre Höfe, in denen sie unter anderem Fladenbrot backen konnten. Außerdem änderte sich der Fleischverzehr: Über die Hälfte stammte von Schweinen, die sich ja schnell vermehren, und ein Drittel von gejagtem Wild. Offenbar konnten die Menschen kaum als Bauern und Viehzüchter arbeiten. Viele Brandspuren in den Siedlungsschichten bestätigen den Verdacht: *Troia* IV und V wurden häufig von Feinden angegriffen.

Waren diese Angriffe, Missernten oder Krankheiten der Grund dafür, dass die Siedlung um 1750 vor Christus dann plötzlich verlassen wurde? Die Archäologen können diese Frage bis heute nicht beantworten, aber fest steht: Gut 50 Jahre später kamen neue Siedler, die mit *Troia* VI wieder eine große Siedlung mit einer Burg und einer Unterstadt errichten sollten.

> **Siedlungsschichten *Troia* IV–V (ca. 2200 bis 1700 vor Christus)**
>
> Als um 2200 vor Christus die meisten *Troia*-III-Bewohner die Siedlung verlassen hatten, trafen nach und nach Zuwanderer aus Inner-Anatolien ein.
>
> Die Bewohner verschanzten sich auf dem ummauerten Burghügel, diese Siedlungen dehnten sich zum Teil weiter über den Hisarlik-Hügel aus als die Burgfestung ihrer Vorgängerin *Troia* II/III und ihrer Nachfolgerin *Troia* VI. Die Wohnhäuser standen dicht, die Siedlung dehnte sich ab 1900 vor Christus ständig weiter aus, die Häuser wurden immer größer, bis *Troia* V um 1750 vor Christus ganz plötzlich verlassen wurde.

Wie Korfmann doch noch zu Homer fand

Sosehr sich Korfmann auch anfangs dagegen gestemmt hatte, die *Troia*-VI/VIIa-Stadt rückte immer mehr ins Zentrum der Aufmerksamkeit. Die zum Teil sensationellen neuen Funde aus dieser spätbronzezeitlichen Schicht entwickelten eine Eigendynamik: Stück für Stück passten die Funde zu Homers Beschreibungen in seiner *Ilias*.

Als die Geophysiker mit Hilfe ihrer Magnetfelddetektoren unter Feldern die Ruinen der spätbronzezeitlichen Unterstadt und einer möglichen Schutzmauer identifizierten, hatten sie sich nur in einem Punkt geirrt: Aufgrund ihrer gewonnenen Daten und Erkenntnisse gingen sie von einer siedlungsumringenden Mauer aus. Stattdessen gruben die Archäologen jedoch im Sommer 1993 und in den folgenden Jahren keine Mauer, sondern Abschnitte eines Grabens aus. Ein Graben allerdings, der in den Fels hineingemeißelt wurde: 3 Meter breit und 1,50 Meter tief. Geleitet von den Magnetometer-Karten legten die Wissenschaftler in den folgenden Jahren mehrere Abschnitte dieses Verteidigungsgrabens frei, doch wieder gab es Kritiker. Dieses Mal behauptete der Schweizer Eberhard Zangger, es handele sich bei diesem Graben um den Teil eines Ringkanals, wie ihn das mythische Atlantis aufwies. Viele Medien folgten Zangger: War *Troia* etwa das legendäre Atlantis?

Und wieder lud Korfmann die Medienvertreter zu sich, diesen Sommer in einem Olivenhain südwestlich der *Troia*-Ruine.

Korfmann stand mit ihnen vor dem freigelegten Graben der Unterstadt, der direkt in den Fels geschlagen war. Das soll der Ringkanal gewesen sein, der *Troia* als das mythische Atlantis ausweist? Der Vor- und Frühgeschichtler deutete mit der Hand den weiteren Verlauf an: Die Ausschachtung wurde nicht auf gleichem Niveau gehalten, sondern folgte den Höhenschwankungen des Hügels – mal rauf, mal runter. »Weiter westlich«, erklärte Korfmann, »wird der Graben für eine Durchfahrt unterbrochen.« Wasser konnte sich hier also nicht halten, geschweige denn, dass Boote hier verkehren konnten.

Nein, alles spricht dafür, dass es sich um eine Stolperfalle für Streitwagen, der »Superwaffe des 2. Jahrtausends vor Christus«, handelte. Die Ausschachtungen sind nicht besonders tief, damit sie Angreifern keine Deckung boten. Außerdem ist der Graben zur Stadt hin abgeflacht, damit die Trojaner mit ihren Pfeilen hineinschießen konnten. Homer beschreibt im zwölften Gesang der *Ilias* den Graben sehr genau, ordnet ihn jedoch nicht der Verteidigungsanlage *Troia*s, sondern dem umwehrten Schiffslager der Griechen zu. Hier noch einmal die Stelle, die wir bereits in dem Kapitel »Die Zeit der Helden« zitiert haben, dieses Mal aber in einer moderneren Übersetzung von Wolfgang Schadewaldt:

»Und Hektor ... trieb die Gefährten,

den Graben zu durchschreiten.

Und die Pferde wagten es nicht, die schnellfüßigen,

sondern standen laut wiehernd am äußersten Rand,

denn der Graben schreckte sie ab.

Nicht leicht war er aus der Nähe zu überspringen

noch zu durchqueren,

denn er war mit Pfählen und Spitzen gefügt«

(*Ilias* XII, 49 – 56)

Es fehlte nur noch die von Homer als gewaltig beschriebene Schutzmauer. Diese hinterließ jedoch nach drei Jahrtausenden kaum Spuren, weil sie hauptsächlich aus sich zersetzenden Lehmziegeln bestand. In diesem Sommer suchten die Archäologen deshalb an der möglichen Anschlussstelle der Schutzmauer zum Burgberg mit seinen mächtigen Mauern und Verteidigungstürmen und wurden fündig. Da das Mauerfundament unter einer großen Menge zusammengepresster Lehmziegel lag,

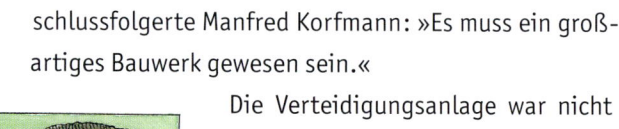

schlussfolgerte Manfred Korfmann: »Es muss ein großartiges Bauwerk gewesen sein.«

Die Verteidigungsanlage war nicht der einzige großartige Fund in der Unterstadt. Gleichzeitig stießen die Archäologen an den freigelegten Stellen auf zahlreiche Brunnen aus hellenistischer Zeit, die sich als wahre Schatzgruben erwiesen. So schachtete die Bergsteigerin Christine Maurer einen Sommer lang einige von ihnen aus. Bis auf 15 Meter Tiefe stieg sie hinab, um von ihrem Grund großartige Funde, darunter Gefäße und eine Statue der Kybele, der anatolischen Fruchtbarkeitsgöttin, zu bergen.

Wie kamen die dahin? Einige Gefäße sind sicherlich beim Wasserschöpfen unabsichtlich in den Brunnen gefallen. Die meisten Funde jedoch wurden absichtlich hineingeworfen, entweder als heiliges Opfer, wenn der Brunnen kein Wasser mehr führte, oder sie wurden schnell dort versenkt, damit sie nicht in die Hände anrückender Feinde fielen.

Noch ein Nachtrag zu den Pferde-Streitwagen: Knochen von Pferden fanden sich erst in der *Troia*-VI-Schicht, dann aber gehäuft. Die neuen Bewohner müssen das Pferd mitgebracht und eifrig genutzt haben. Und wofür? Weniger für den Krieg als vielmehr für den Handel, für den Transport ins Landesinnere nach Anatolien.

Vasallenstadt der Hethiter

Korfmann hatte nun ein spätbronzezeitliches *Troia* mit einer ummauerten Burganlage und einer großen Unterstadt, die wiederum von einer Verteidigungsanlage umgeben war.

Die Stadt wuchs seit 1700 vor Christus ständig an – *Troia* VI. Dann wurde sie – wie schon von Blegen erkannt – um 1300 vor Christus von schweren Erdbeben heimgesucht. Dabei wurden aber nur Teile der Stadt zerstört, die Bevölkerung blieb weiterhin in ihrer Siedlung und baute sie wieder auf. Deshalb gehören *Troia* VI und VIIa zusammen.

Erst um 1200 vor Christus ging diese Stadt unter. Brandspuren beweisen außerdem, dass sie niederbrannte. Das kann gut im Kampf geschehen sein.

Hatte Korfmann damit nicht genug Beweise für die Existenz von Homers Troja gefunden? Nein, er wollte noch mehr wissen, unter anderem welcher Kultur seine Trojaner eigentlich angehörten.

In der *Ilias* werden die Trojaner mehr oder weniger wie Griechen dargestellt. Sie sprechen die gleiche Sprache und teilen sich einen Götterhimmel. Deshalb wurde lange angenommen, die Trojaner seien auch Griechen gewesen. Doch das ist die Darstellung aus Sicht der Sieger, der Griechen. Stimmt das? Was erfahren wir eigentlich über Troja, über Priamos und Co.? Wer waren die Trojaner wirklich? Troja hieß ja zu

DETAIL DES LÖWENTORES V. HATTUSA

der Zeit vermutlich gar nicht Troja. In der *Ilias* wird es von den Griechen Ilion und Troja genannt. Aber war dieser Name wirklich über Jahrhunderte überliefert worden? Oder wie nannten sich diejenigen selbst, die wir Trojaner nennen? Welchem Kulturkreis gehörten sie an, mit welchen Mächten waren sie verbündet?

In der Sommerkampagne 1995 geschah dann, womit das Ausgrabungsteam schon nicht mehr gerechnet hatte: Der Engländer Donald Easton fand in einem Gebäude auf dem Burgberg einen kleinen Metallgegenstand. Nachdem der Fund von seinen Verschmutzungen gesäubert worden war, stellten die Archäologen fest, dass er die Form eines runden Sitzkissens hatte und merkwürdige Zeichen aufwies. Es handelt sich um ein nur 5 Zentimeter großes Siegel aus Bronze, das dazu benutzt wurde, um etwas zu »besiegeln«, wie wir das heute mit unserer Unterschrift tun.

Waren das die ersten Schriftzeichen, die aus dem 2. Jahrtausend vor Christus in *Troia* gefunden wurden?

Die Archäologen bewahrten den ganzen Sommer über Stillschweigen über diesen Fund, erst auf einer Pressekonferenz im Herbst in Tübingen sollte das Geheimnis gelüftet werden. Die Tübinger Lokalzeitung titelte trotzdem schon vorher: »Erste griechische Schriftzeichen in *Troia* gefunden.«

Falsch geraten! Das Siegel trägt eben nicht, wie viele erwarteten, griechische Linear-Zeichen, sondern hethitische Hieroglyphen. Sie wurden benutzt, um Luwisch zu schreiben, eine Sprache, die weit über die Hethiterzeit hinaus in Anatolien verbreitet war. Auf der einen Seite ist der Name einer Frau, auf der anderen Seite der Name ihres Ehemannes eingraviert, sein Beruf wird als Schreiber angegeben. Und das – so ergab die Datierung – im 11. Jahrhundert vor Christus, als die Ägäiskulturen angeblich über keine Schriftkulturen verfügten. »In

Troia wurde somit nicht nur Hieroglyphen-Luwisch gesiegelt«, schlussfolgerte Manfred Korfmann während seines Tübinger Vortrags, »in *Troia* wurde auch professionell geschrieben, wahrscheinlich von einem Luwier, wahrscheinlich in Luwisch!«

Daraus lassen sich nun weitreichende Rückschlüsse ziehen: *Troia* hat mit großer Wahrscheinlichkeit zum anatolisch-hethitischen Kulturkreis gehört.

In hethitischen Urkunden des 12. Jahrhunderts vor Christus wird ein Vasall des Königs genannt: Alaksandus, Herrscher von Wilusa. Aus Wilusa könnte im Griechischen Ilios, aus Alaksandus Alexandros geworden sein. Alexandros wurde auch Paris, der Entführer Helenas, genannt. Als Homer 400 Jahre nach den kriegerischen Ereignissen im 8. Jahrhundert vor Christus sein Epos schuf, konnte er möglicherweise nicht nur aus mündlichen Überlieferungen, sondern auch aus luwischen Chroniken und Epen schöpfen. Im Bund mit einigen Historikern und Altphilologen vermutet der Homer-Experte Joachim Latacz schon länger, dass *Troia* mit Wilusa identisch sein muss. Deshalb bedeutete der Schriftfund für ihn keine große Sensation, sondern eher eine erfreuliche Überraschung: »Wir haben damit gerechnet. Das Bronzesiegel bildet als Beweis den letzten Stein des Puzzles, das *Troia* in den späthethitischen Kulturkontext einordnet.«

Troia – darüber sind sich Archäologen und Hethiter-Forscher mittlerweile einig – gehörte dem anatolisch-hethitischen Kulturkreis an. Sie vermuten, dass *Troia* identisch ist mit dem in hethitischen Urkunden des 13. Jahrhunderts vor Christus genannten Wilusa, einer Vasallenstadt der Hethiter.

Wer waren die Hethiter?

Bei den Hethitern handelte es sich – so der Stand der Forschung – um einen indogermanischen Volksstamm, den es im 3. Jahrtausend vor Christus von der Schwarzmeerregion ins zentralanatolische Hochland verschlug. Sie verdrängten die alteingesessenen Hatti, übernahmen deren Namen und einen Teil des Wortschatzes. Die Keilschrift lernten sie von den Assyrern, wandelten sie ab und schufen etwas Neues: die Geschichtsschreibung. Das Hethiter-Reich hatte expandierenden Charakter: Mit dem Streitwagen eroberten die Hethiter ein Gebiet, das in der Blütezeit von Smyrna an der Ägäisküste bis zum Euphrat in Syrien reichte. Mit den fremden Gebieten verleibten sie sich auch die dort verehrten Götter ein: In der Hauptstadt Hattusa wurden Götterstatuen und -bilder gesammelt; sie sollten die Macht des Herrschers mehren. Trotzdem ging das Hethiter-Reich um 1200 vor Christus unter. Die Ursachen dafür sind nicht geklärt. Erst Ende des 19. Jahrhunderts – nach 3000 Jahren – wurde ihre Kultur wiederentdeckt.

> **Siedlungsschicht *Troia* VI/VII a
> (ca. 1700 bis 1200 vor Christus)**
> Nachdem der Hisarlik-Hügel gut 50 Jahre verlassen dalag, wurde er erneut von Zuwanderern aus Inner-Anatolien besiedelt. Sie verkleinerten die Festungsanlage und legten eine weitläufige Unterstadt an. Diese wurde nach und nach mit Wohnhäusern aufgefüllt. Der Ort entwickelte sich zu einem befestigten Handelsplatz. Bei einem Erbeben um 1300 vor Christus wurden Teile der Stadt zerstört, aber bald wieder aufgebaut.
> Hier wurde Luwisch gesprochen und geschrieben – eine dem Hethitischen verwandte Schriftsprache.
> *Troia* VI/VII a war vermutlich die hethitische Vasallenstadt Wilusa.
> Diese beiden Siedlungsschichten sehen die Forscher als möglichen Ort von Homers Troja.

Der nächste Beweis in der Indizienkette ließ nicht lange auf sich warten. Die Archäologen legten eine Quellhöhle – ein zur Wassergewinnung gegrabenes Bergwerk – frei. Da sie bis in römische Zeit hinein genutzt worden war, schien eine exakte Datierung fast aussichtslos. Doch erstmals gelang es Heidelberger Radiometrikern, zur Freude des Grabungsleiters, mit Hilfe des Sinters – das sind Mineralausscheidungen des fließenden Wassers am Gestein – die Erstnutzung zu datieren: erste Hälfte des 3. Jahrtausends vor Christus. »Damit haben wir sowohl die von Homer erwähnten ›schönfließenden Quellen‹ gefunden als auch den Tunnel des Gottes ›Kaskal.kur‹. Letzterer wird als Zeuge des Vasallenvertrages zwischen Hethitern und Wilusa genannt«, so Korfmann.

Troias VI / Wilusas Aufstieg im 17. Jahrhundert vor Christus fiel mit einem einschneidenden Ereignis im Hethiter-Reich zusammen. Die Hethiter verloren zu dieser Zeit ihren Landweg zum Kaukasus. Um auf dem Seeweg an die begehrten Metalle dieser Region zu kommen, gingen sie ein Bündnissystem mit den Küstenländern der Ägäis ein.

So gedieh *Troia* als Handelsposten und Vasallenstadt der Hethiter mehrere Jahrhunderte, bevor es um 1200 vor Christus zusammen mit der mykenischen Welt und dem Hethiter-Reich aus bis heute nicht geklärten Gründen unterging. Brandspuren in der Schicht VII a lassen zumindest auf eine Zerstörung durch einen Krieg schließen.

Zwar sind Paris, Agamemnon und Odysseus mit Sicherheit literarische Gestalten, aber es verdichtet sich immer mehr der Eindruck, dass Homer den historischen Hintergrund, vor dem er seine Helden auftreten lässt, sehr genau beschrieben hat. Das Aussehen der Stadt, ihre Lage an der Grenze zur griechischen Welt, ihr Untergang – alles passt.

Für das Korfmann-Team stellte sich *Troia*s Vergangenheit also so dar: *Troia* II und *Troia* VI/VIIa waren Außenposten orientalischer Großreiche.

Beeindruckend sind nun vor allem die Parallelen vom früh- und spätbronzezeitlichen *Troia*, als hätte sich die Geschichte gut 1000 Jahre später einfach wiederholt. Beide Städte waren Außenposten eines großen orientalischen Reiches. Der Handel machte sie reich und rief Neider auf den Plan. Beide Städte – darauf verweisen die Brandspuren – wurden bekriegt, besiegt und vom Feuer verwüstet.

Vor der Eroberung gelang es den frühbronzezeitlichen *troianischen* Herrschern jedoch, ihren Schatz in der Burgmauer unweit der *Troia*-II-Torrampe, die Schliemann für das Skäische Tor der *Ilias* hielt, zu verstecken. Dort ruhte das kostbare Gut über 4000 Jahre.

Müssen wir uns damit abfinden, dass unser heißgeliebtes Troja in seinen zwei frühzeitlichen Blütephasen Außenposten asiatischer Großmächte – Mesopotamiens und Hethitiens – war? Korfmann war davon überzeugt: »Aus der Sicht des Orients war *Troia* eine Kolonie.«

Langsam sickerte die Nachricht durch die Medien: *Troia* eine Vasallenstadt der Hethiter? Diese Vorstellung gefiel manchem Gelehrten, der die *Ilias* seit seiner Schulzeit auswendig hersagen konnte, gar nicht.

Ist der Troia-Ausgräber Korfmann
ein zweiter Schliemann?

Während seiner gesamten Grabungstätigkeit sagte Grabungsleiter Manfred Korfmann niemals: »Seht her, das ist das Troja Homers! Hier fand der Trojanische Krieg stand.« Nein, er formulierte es immer sehr umsichtig: »Es war nie unser Ziel, Homer zu bestätigen oder zu widerlegen, aber nach rund 20 Grabungssommern in der Troas kommt man an Homer nicht vorbei. Wir Archäologen finden zumindest die Kulisse für einen *Troia*/Ilion-Schauplatz, wie ihn Homer um 720 vor Christus im Sinn hatte, als er sein Epos mit dem damals in Ruinen liegenden Ort verband. Über die Realität eines Trojanischen Krieges sagt das jedoch nichts aus – dazu befrage man die moderne Homerforschung und Altorientalistik.«

Auch die umfangreiche Ausstellung »*Troia* – Traum und Wirklichkeit«, die in den Jahren 2001/2 in drei großen deutschen Städten gezeigt wurde, zielte darauf ab, *Troia*/Hisarlik als einen über 3500 Jahre lang umkämpften Siedlungsplatz an der Nahtstelle zwischen Ost und West darzustellen. Und dies vor allem aus anatolisch-orientalischer, nicht aus griechisch-abendländischer Sicht. So stammten die rund 500 präsentierten Funde zu *Troia* und der anatolischen Bronzezeit sämtlich aus türkischen Museen. Bewusst hatte der Grabungsleiter die alten Schliemann-Funde des 19. Jahrhunderts ausgeklammert.

Diese Ausstellung, die das Fundament für eine *Troia*-Dauerausstellung in der Türkei darstellte, sollte bewusst die alten Priamos-Schliemann-Mythen hinter sich lassen. Trotzdem behielt der Platz den Namen *Troia*, die griechische Schreibweise von »Troja«. Für Wilusa und deren namentlich nicht überlieferten Vorläufer-Siedlungen hätten sich sicherlich nicht so viele Menschen interessiert. So aber wurde die Ausstellung zu einem Mega-Event. Zahlreiche hochrangige Politiker kamen und ließen Vorworte für den Ausstellungskatalog schreiben, darunter der türkische Staatspräsident und der deutsche Bundespräsident. Die Medien berichteten in aller Breite, und das ZDF war sogar eine Nacht lang live dabei, als letzte Hand an die Ausstellung gelegt wurde, denn schließlich war es wieder ein deutscher Forscher, der *Troia* ins rechte Licht rückte – und der wurde immer wieder neu interviewt. Auch wenn Korfmann dabei seinen Anteil an der Ausstellung herunterspielen wollte, sie trug eindeutig seinen Stempel. Jahrzehntelang schien er auf diese Situation hingearbeitet zu haben.

Nach außen entstand der Eindruck: Manfred Korfmann Superstar! Doch hinter den Kulissen begann das Gemurmel. Ein Teil der Archäologen und Althistoriker war mit Korfmanns Schlussfolgerung, vor allem jedoch auch mit seinem Erfolg nicht einverstanden, aber sie verhielten sich weiter ruhig.

Die Ausstellung war ein großer Erfolg; sie wurde in Stuttgart ab- und in Braunschweig wieder aufgebaut. Und wieder berichteten die Medien in aller Ausführlichkeit.

Das war für einige einfach zu viel! Und deshalb holte nun der Althistoriker Frank Kolb, der an der Universität Tübingen ein Kollege von Korfmann war, zum ersten Gegenschlag aus. Listig wie Odysseus begann er nicht mit einer fundamentalen Kritik an Korfmanns *Troia*-Konzept, seinem Hang zur Türkei und zum Orient. Nein, er begann mit einem kleinen Detail.

Für die große Ausstellung hatten die Wissenschaftler ein Modell der spätbronzezeitlichen Stadt *Troia* VI/VIIa (1700 bis 1200 vor Christus) aus Holz bauen lassen. Unterhalb des Burgbergs bildeten kleine Holzhäuser eine dicht bebaute Unterstadt, die von einer Stadtmauer und einem Graben umgeben war und zu *Troia* VI und VIIa gehören sollte. »Dieses Modell ist keine Rekonstruktion, sondern eine Fiktion«, konterte der Althistoriker Kolb. Damit meinte er, es sei nicht bewiesen, dass die Stadt tatsächlich so aussah.

Dieser Einwand ist allerdings ziemlich belanglos. Bei den meisten archäologischen Ausgrabungen wird nur ein Teil der alten Stätten freigelegt, der Rest wird nach bestem Wissen rekonstruiert. Um sich in den Medien Gehör zu verschaffen, musste Kolb deshalb noch weitere Geschütze auffahren und sprach von »Vernebelungstaktik« und »Irreführung der Öffentlichkeit«. Und dann kam der große Paukenschlag. Obwohl es sich um seinen Tübinger Kollegen handelte, nannte er Korfmann einen »Däniken der Archäologie«. Erich von Däniken ist nämlich kein studierter Forscher, sondern ein dubioser Buchautor, der ohne die geringsten Beweise immer wieder behauptete, die großen Bauwerke der alten Hochkulturen seien von Außerirdischen errichtet worden.

Kolb nahm diese schwere Beleidigung zwar wieder zurück, aber der Rufmord war bereits geschehen. Und wir wissen ja vom mittlerweile allgegenwärtigen Mobbing, dass immer Folgen zurückbleiben. Wie seinerzeit Hektor fühlte sich Korfmann zu Recht in seiner Ehre verletzt und herausgefordert.

Um zu verstehen, wieso der Streit um *Troia* fast schon Homer'sche Dimensionen annahm, müssen wir die verschiedenen Streitpunkte auseinanderhalten. Zunächst stritt man darum, wie groß das spätbronzezeitliche *Troia* denn nun wirklich war. Kolbs Hauptvorwürfe stützten sich darauf, dass die bis dahin publizierten Pläne zur Unterstadt *Troia* VI/VIIa außerhalb des Burgbergs nur kärgliche Mauerreste zeigten. Die entdeckten Gebäudereste stammen nicht aus einer einzigen Stadt, sondern aus verschiedenen Epochen. Der sogenannte Verteidigungsgraben um die Unterstadt wurde nur am Südhang nachgewiesen, deshalb konnte er auch einfach nur zur Entwässerung gedient haben. Importwaren aus dem Hethiter-Reich und ein Hafen – beides wichtige Indizien für eine Handelsstadt – fehlten bisher. Deshalb beharrte Kolb auf seiner These, dass *Troia* eine kleine Siedlung und keine Stadt war. Dagegen verwiesen Korfmanns Mitarbeiter und der für die Unterstadt verantwortliche Archäologe Peter Jablonka auf die Schwierigkeiten der Grabung an dieser Stelle: »Da die griechische und römische Stadt an derselben Stelle lag und es außerdem immer wieder zu starker Bodenerosion kam, ist das bronzezeitliche *Troia* schlecht erhalten.« Sofort fügte er jedoch hinzu: »Schlecht erhalten heißt keineswegs nicht vorhanden.«

Die Unterstadt von *Troia* VI und VIIa war befestigt und wies eine geregelte Bebauung mit Häusern aus Stein und Lehmziegeln auf – und das auch 200 Meter von der Burg entfernt. »Der Ort ist deutlich größer als zeitgleiche Siedlungen in der Umgebung. Die Bauten und die Raumaufteilung deuten auf eine hierarchische soziale Gliederung der Bevölkerung hin. Die Architektur von der Gesamtanlage bis zum Detail [Steinmetzarbeit] ist im östlichen Mittelmeerraum in dieser Art während der Bronzezeit nur in den Zentren zu finden.«

Auch den fehlenden Hafen konnten die Korfmann-Mitarbeiter erklären. Die Bucht, die *Troia* einst zur Hafenstadt machte, wurde im Laufe der Jahrtausende von Unmengen an Schlamm aufgeschüttet. Die alten Spuren sind deshalb wahrscheinlich unwiederbringlich zerstört. Und es wurde vielleicht deshalb wenig Handelsware aus der Spätbronzezeit gefunden, weil nach der Zerstörung und Plünderung nicht viel liegen blieb. Wenn es nur um diese Fragen gegangen wäre, hätte man vielleicht einen Kompromiss finden können. Doch der Streit ging auch um die Fragen: Wie viel Zeit war seit der Zerstörung der Stadt vergangen, welche Epoche der Vorgeschichte meinte der Dichter? Oder handelt es sich um erfundene Geschichten?

Der Streit zwischen den Historikern, Archäologen und Urgeschichtlern dreht sich bis heute hauptsächlich um die Fragen: Meinte Homer die mindestens 400 Jahre zurückliegende mykenische Welt oder das näherliegende Dark Age? Was sagt die Homer-Wissenschaft? Geben seine Schilderungen überhaupt Wertmaßstäbe und Vorstellungen früherer Epochen wieder oder stammen sie aus der Zeit, in der Homer seine Texte abfasste (also um 720 vor Christus)?

Oral History – mündliche »Geschichtsschreibung«

Auch Kulturen, die über keine Schrift verfügen, bewahren ihre Erinnerungen an die Ahnen. Deren ferne Heimat, lange Fluchtwege, große Taten, glorreiche Siege und bittere Niederlagen werden in Geschichten erzählt, die von Generation zu Generation mündlich weitergegeben werden. Solche Kulturen gibt es bis in unsere Zeit hinein. Lange wurden sie als unterentwickelt abgetan. Als sie gegen Ende des 20. Jahrhunderts zunächst von Ethnologen und dann von Historikern erforscht wurden, waren diese überrascht über die Gedächtniskunst von Erzählern und Sängern. So umfangreiche und weit zurückreichende Erinnerungen hätten sie nur bei Menschen mit schriftlichen Aufzeichnungen vermutet.

Der Kölner Althistoriker Karl-Joachim Hölkeskamp stützt sich auf die neuen Erkenntnisse aus der Erforschung der Oral History, der mündlichen Geschichtsschreibung: »Alles, was wir bislang über die Entwicklung von Gedächtnisschichten in oralen Gesellschaften wissen, sagt uns, dass eine konkrete Erinnerung nicht länger als drei Generationen wirklich hält. Wenn wir also davon ausgehen, dass *Ilias* und *Odyssee* am Ende des 8. oder Anfang des 7. Jahrhunderts verschriftlicht worden sind, können wir allenfalls mit einer Rückerinnerung ins 9., vielleicht auch 10. Jahrhundert rechnen.« Damit würde Homers Werk auf die griechisch-archaische Zeit, nicht aber auf die mykenisch-hethitische verweisen.

Dem hält der Schweizer Homer-Forscher Joachim Latacz entgegen, dass die Griechen sich bis ins 8. Jahrhundert vor Christus nicht nur auf ihr Gedächtnis verlassen mussten. Sie hatten zwar keine Schrift, aber durchaus Überlieferungsmedien zur Verfügung. Dazu gehörten zum einen Erzählhilfen wie »Formeln« und »typische Szenen«. Alle wichtigen Orte, Götter und Personen wurden wie eine Formel in der immer gleichen Umschreibung angeführt: Der Fluss Skamander wurde zum »hochufrigen Skamandros«, Hektor zum »strahlenden Hektor«, Waffen wurden zu »kaltem

Erz« und Troja wurde abwechselnd das »heilige Ilios«, das »gutummauerte Ilion« oder das »winddurchwehte Ilion« genannt.

Mit »typische Szenen« *(type scenes)* ist gemeint, dass ganze Szenen wie der Beginn eines Kampfes mit dem immer gleichen Wortlaut beschrieben wurden.

Vor allem jedoch half den Erzählern das Versmaß, der schon im Kapitel »Die Zeit der Helden« erklärte Hexameter. Genauso wie wir uns bis ins hohe Alter an den »Herrn von Ribbeck auf Ribbeck im Havelland« erinnern werden, haben Menschen in der vorübergehend schriftlos gewordenen Antike kollektive Erinnerungen in Versmaße gebannt und von Generation zu Generation weitergegeben.

Außerdem führt Latacz einen schwerwiegenden inhaltlichen Beweis an: In den 29 Kontingenten der sogenannten Schiffskataloge der *Ilias* sind Ortsnamen aufgeführt, die eindeutig in die mykenische Zeit verweisen. »Diese Orte tragen nicht Allerweltsnamen wie Hochdorf, sondern ausgeprägte Ortsnamen, die die Sänger unmöglich zur Füllung des Hexameters erfunden haben können.« Diese Position wird besonders gestärkt durch den kürzlich entdeckten Fund eines Tontafelarchivs in Linear-B-Schrift auf der Kadmeia, der alten Burg von Theben im Zentrum der Peloponnes. Dort sind in der von den mykenischen Griechen benutzten Linear-B-Schrift unter anderem drei Orte genannt, die sich auch im Schiffskatalog der *Ilias* finden, jedoch später den griechischen Geographen der klassischen Zeit unbekannt waren. »Daraus kann nur der Schluss gezogen werden, dass das Informationsmaterial, auf das sich der Schiffskatalog gründet, mindestens zu einem Teil aus mykenischer Zeit stammt«, so Latacz.

Diese Feststellung gilt für die Namen, aber gilt sie auch für die Bewaffnung und das Verhalten der Krieger?

In der *Ilias* wird zwar immer nur von Bronzewaffen gesprochen, doch die sind nicht besonders schlagkräftig. Das ändert sich erst mit dem Eisen, aus dem starke Waffen geschmiedet wurden. Nur mit solchen Waffen kann es die in der *Ilias* beschriebenen Kämpfe und Einzelkämpfer wie Achill gegeben haben. Doch diese Waffen und die damit verbundene Kampftechnik verbreiteten sich erst in der Zeit zwischen dem Untergang Mykenes und der Zeit Homers.

Oder nehmen wir den Streitwagen. Er war die »Superwaffe« der Bronzezeit und wurde in wichtigen Schlachten wie der zwischen Hethitern und Ägyptern bei Kadesch von beiden Seiten eingesetzt. Vom Streitwagen ist auch in der *Ilias* mehrfach die Rede, aber dort gibt es keine Kampfszene, in der ein Streitwagen unter den Feinden wütet; die Helden fahren mit ihm nur bis an das Schlachtgeschehen heran.

In Homers *Ilias* sind also mindestens zwei Welten miteinander vermischt – und Homers eigene Zeit? Wie wir schon hörten, wurden mit dem Schiffskatalog der *Ilias* die vergangenen Herrschaftsgeschlechter in Erinnerung gehalten wie bei einem Stammbaum. Gleichzeitig ist die *Ilias* ein Abgesang auf den Untergang des alten Adelsgeschlechts, urteilt der Politikwissenschaftler Herfried Münkler. »Ihre Ideale, aber auch ihre Art zu kämpfen sind nicht länger zukunftsfähig, und die Darstellung des Trojanischen Krieges ist weniger eine Erzählung über die unbändige Kraft dieser Kultur als vielmehr eine Erzählung von ihrer Selbstzerstörung durch permanente Kämpfe gegeneinander.« Die *Ilias* und die *Odyssee* sind – wie die Wissenschaftler sagen – aus »gesamtgriechischer Perspektive« geschrieben, obwohl das Volk der Griechen zu Homers Zeit in viele kleine Stadtstaaten zersplittert war.

Ab 800 vor Christus wuchs die Bevölkerung Griechenlands stark an. Aus den vielen kleinen Lokalfürstentümern entstanden größere neue Stadtstaaten, und die Griechen begannen, die Küsten Kleinasiens und Süditaliens zu kolonisieren und dort ebenfalls Stadtstaaten zu gründen. Davon findet sich nichts in dem Epos, doch aus Homers Zeit stammt sicherlich der Wunsch, dass die wachsenden, gegeneinander konkurrierenden Stadtstaaten sich zusammentun und gegen einen gemeinsamen Feind losschlagen.

> **Siedlungsschicht *Troia* VIIb (ca. 1200 bis 950 vor Christus)**
> Wir befinden uns im sogenannten Dunklen Zeitalter.
> *Troia* galt lange Zeit als nicht besiedelt, neue Funde widerlegen nun jedoch diese These. *Troia* hatte Kriege verloren und keine Schutzmacht mehr, es musste Zerstörungen und Verluste hinnehmen, aber aufgegeben wurde es nicht. Die alten Häuser wurden renoviert und viele Siedler zogen in große Häuser der Burgfestung; darunter befanden sich auch Zuwanderer. Der Beweis: Neben der herkömmlichen Keramik tauchte welche aus Norditalien und dem Balkan auf. Zudem wurden in dieser Siedlungsschicht Schmuck und Werkzeuge gefunden, wie sie in Mykene und Inner-Anatolien genutzt wurden.
> Um 1050 vor Christus wurde *Troia* wieder überfallen und teilweise zerstört – das belegt eine Brandschicht, angefüllt mit Pfeilspitzen. Danach ging es bescheiden weiter. Weniger Menschen lebten nun in *Troia* VIIb3. Der Verzehr von Wild lässt auf karge Lebensverhältnisse schließen. Diese Stadt wurde schließlich um 950 vor Christus endgültig zerstört.

Das heißt zusammengefasst: Da die Erzählungen – auch als sie schon schriftlich fixiert waren – immer weiterentwickelt wurden, mischten sich Geschichten und Einsichten aus drei Epochen: der mykenischen Zeit, dem Dark Age und der Zeit Homers. Aus der mykenischen Zeit entlehnte Homer die alten überlieferten Namen der Fürstentümer und Helden mitsamt ihren mythischen Hintergründen. Aus der Zeit des Dark Age stammen die Beschreibungen der Krieger, ihre Bewaffnung, ihre

Kriegstaktik und ihre -rituale. Und aus Homers eigener Zeit stammt der Wunsch, dass sich die griechischen Stadtstaaten dauerhaft miteinander verbünden sollten.

In der Forschung und dem Gelehrtenstreit ging es jedoch nicht nur um die genannten Fragen, sondern um mehr: Ein Teil der Archäologen und Althistoriker befürchtete immer mehr, dass Korfmann ihnen nicht nur die Grabungsstätte *Troia*, sondern auch das Homer'sche Troja regelrecht wegnehmen wollte. Begründet liegt diese Befürchtung in der Tatsache, dass Korfmann den Ort und seine Geschichte immer weiter in die orientalisch-anatolische Geschichte hineinzog. Dass *Troia* nicht zum griechischen, sondern zum anatolisch-hethitischen Kulturkreis gehörte, war nur eine seiner archäologischen Schlussfolgerungen, die bei eingefleischten Abendländern heftigsten Widerstand hervorrief. Für Korfmann lagen in der Troas trotzdem auch starke Wurzeln des Abendlandes, die bis heute wirksam sind: »Der Trojanische Krieg wurde zum Sinnbild aller sinnlosen Kriege – ein *Troianischer* Frieden könnte Ost und West wieder zusammenführen.« Dabei bekommt die Türkei eine zentrale Rolle zugesprochen: »Historisch betrachtet gehört die Türkei genauso selbstverständlich zu Europa wie Griechenland.«

Troia als tragende Brücke zwischen Morgen- und Abendland – hatte Korfmann dem Mythos Troja damit zu viel zugemutet?

Jedenfalls spitzte sich der Streit der Wissenschaftler weiter zu, ausgetragen wurde er hauptsächlich in den Medien. Deshalb lud die Universität Tübingen im Frühjahr 2002 zu einem Symposium. Dabei wurde auf faire Bedingungen geachtet: Die beiden Kontrahenten konnten je fünf Experten benennen, die zu ihren Thesen Stellung nehmen sollten. Natürlich verteidigten diese Experten ihren Kandidaten, alle blieben unverändert bei ihren Standpunkten. Und so endete der moderne Streit Achill gegen Hektor – Korfmann gegen Kolb – vorerst unentschieden.

MYKENISCHE KERAMIK IMITATE TROJA VI

Ohne Götter,
aber in ägyptischer Monumentalität

Während der Zeit des *Troia*-Streits liefen die langwierigen Vorbereitungen zu einem monumentalen *Troja*-Film. Regisseur dieser Hollywood-Produktion war der Deutsche Wolfgang Petersen, der mit seinem sehr realistischen Kriegsfilm *Das Boot* erste internationale Anerkennung gewonnen hatte. Die Rolle des Achill übernahm der eigentlich eher schmächtige Brad Pitt, der eigens dafür versuchte, seine Muskeln durch Bodybuilding zu stählen und zu formen. Die Filmproduktion begann im Frühjahr 2003 in den Londoner Shepperton Studios mit den Dialogen, Nah- und Innenaufnahmen.

Der *Troia*-Streit spielte für die Filmleute überhaupt keine Rolle. Ob es genug Beweise dafür gab, dass das spätbronzezeitliche *Troia* eine Handelsmetropole war oder nicht, interessierte sie nicht. Sie hatten ganz andere Sorgen. Homers Troja war ihnen nicht zu groß, ganz im Gegenteil – es war ihnen viel zu unscheinbar: die Stadt zu klein, die Stadtmauer zu niedrig, der Palast zu wenig pompös!

Es war die Aufgabe des Produktionsdesigners Nigel Phelps, den Mythos leinwandgerecht darzustellen. Dabei bestand Wolfgang Petersen jedoch darauf, dass der Film äußerst glaubwürdig und realistisch wirken sollte.

Phelps machte sich mit dem Stand der Forschung zu *Troia* und der Spätbronzezeit vertraut und fand heraus, dass die Wirklichkeit der damaligen Zeit etwas anders als in der Vorstellung der Filmleute aussah; alles hatte einen eher sehr kleinen Maßstab. »In Wahrheit war *Troia* erheblich kleiner als unser endgültiger Entwurf – alles war dort sehr eng. Es gab aber die Außenmauer und einen Palast im inneren Stadtgebiet. Die meisten Häuser bestanden aus nur einem Geschoss, hatten Flachdächer und wurden aus Schlammziegeln errichtet. Dieses Konzept mussten wir dann etwas erweitern, um die Stadt visuell interessanter zu gestalten.«

Phelps fand eine Lösung. »Die Zeit um 1200 vor Christus war von den vorherrschenden Kulturen in Mykene und Ägypten geprägt. Mein Beitrag bestand darin, die Kunst und die Motive von Mykene mit dem gigantischen Maßstab der Ägypter zu kombinieren – so erfanden wir eine neue Bildsprache, die zwar die Epoche authentisch widerspiegelt, aber auch den Kriterien eines Filmepos gerecht wird.«

Monumentalität heißt das Zauberwort, das das breite Publikum in Staunen versetzt: Mykenische Säulen wurden zur Größe ägyptischer Tempel aufgeblasen und

> **Siedlungsschicht *Troia* VIII – IX (ca. 750 vor Christus bis 500 nach Christus)**
>
> Wir stehen in einer griechischen Siedlung. Alexander der Große opferte nach seinem Sieg über die Perser hier der Athena. In Verehrung für Homer und seine Helden ließ er die Stadt, die zu einer kleinen Siedlung geschrumpft war, wieder aufbauen. Die Römer verwandelten den Geburtsort ihres angeblichen Vorfahren Aeneas schließlich in eine Kultstätte mit Tempeln, Theatern und einem Bad.

die Burgmauern von Mykene ins kleine *Troia* verpflanzt.

Auch das Drehbuch hielt sich nicht an die historische Vorlage, die *Ilias*. Wolfgang Petersen gefiel es nicht, dass sich die griechischen Götter ständig in den Verlauf der Handlung einmischten, und auch sonst wurde ihm in der *Ilias* viel zu oft und zu lange geredet. Deshalb ließ er alles streichen, was die Action bremste. Der Film setzte auf überwältigende Massenszenen und enorme Kulissen, großartige Stars und perfekt inszenierte Kämpfe!

Ein Teil der Außenaufnahmen konnte auf Malta gedreht werden, hier hatte Petersen schon die Außenaufnahmen für *Das Boot* gedreht. Doch die kleine Mittelmeerinsel ist zu dicht bebaut, um einen Flecken Land zu finden, auf dem sich die großen Troja-Kulissen – besonders die Stadtmauer sowie Teile der Stadt und des Palastes – aufbauen ließen. Also hätte das Filmteam – wie schon häufiger – im weitläufigen Marokko drehen können, doch ein realer Krieg verhinderte dies. Nach den Anschlägen vom 11. September 2001 in New York und dem Einmarsch der US-Amerikaner und ihrer Alliierten in den Irak im Frühjahr 2003 hatte der Kampf des Westens gegen den Terror islamischer Fundamentalisten seinen Höhepunkt erreicht. Es war genau der Kampf, der bis auf den Konflikt Griechen gegen Trojaner zurückgeführt wird. Auf jeden Fall hatte das Filmteam Angst vor Anschlägen.

Da kam aus der Türkei der Vorschlag, man könne den Film doch am Originalschauplatz auf der Troas drehen. Die Produktionsfirma Warner Brothers entschied sich jedoch dagegen – angeblich gab es logistische Probleme, das heißt, man befürchtete, dass die Film-Crew nicht all die Dinge, die sie zum Filmen brauchte, zur richtigen Zeit in der richtigen Menge am richtigen Ort zur Verfügung hatte. Im Trojanischen Krieg hätte man von Nachschub geredet.

Oder war es gar ein anderer Grund, weshalb man ablehnte? Hatte es vielleicht etwas damit zu tun, dass auch die Türkei ein islamisches Land ist?

Schließlich ging Petersen mit seinen Leuten nach Mexiko, an die Baja California an der Pazifikküste.

Im Film sollten die Götter ja keine Rolle spielen, und es scheint so, als hätten sie sich dafür gerächt – mit Extremwetter: Häufig stieg die Temperatur tagsüber auf 38 Grad

Celsius im Schatten. Immer wieder erlitten Schauspieler oder Mitarbeiter der Film-Crew einen Hitzschlag oder Kreislaufzusammenbruch. Die Dreharbeiten zogen sich hin, und die Hurrikan-Saison begann. Zweimal fegte ein Hurrikan über den Drehort und die aufgebauten Kulissen hinweg. Allein der Wiederaufbau der gewaltigen Stadttore benötigte rund sieben Wochen. Die Dreharbeiten dauerten zwar keine zehn Jahre wie der Trojanische Krieg, aber deutlich länger als geplant – und das trieb die Kosten in die Höhe.

2004 hatte der Film Weltpremiere in Berlin am Potsdamer Platz und startete zeitgleich weltweit in den Kinos. Die Kritiker waren sich uneinig über die Qualität des Films. Überzeugte Brad Pitt wirklich als Achill? Wo blieben die Götter? Sah *Troia* wirklich so aus wie im Film? Nur die Kostüme des Films wurden für den Oscar nominiert.

Das Publikum entschied hingegen anders und wollte *Troia* sehen. Allein an den Kinokassen spielte der Film rund 497 Millionen Dollar ein.

Nach dem *Troia*-Streit und dem Film

Sommer 2003. Manfred Korfmann steht am Rande seines Grabungshügels und zeigt über die Landzunge zwischen der Ägäis und der Dardanellen-Meerenge: »Diese Landschaft gehört zu den weltweit besterforschten. Wir kennen sämtliche Oberflächenfunde und haben über 250 Bohrungen zu geologischen Untersuchungen anlegen lassen.«

Die Ergebnisse der Grabungen werden jährlich in der Serie *Studia Troica* veröffentlicht – für eine archäologische Grabung ein unglaublich zügiges und transparentes Vorgehen.

Das Grabungsteam hat auch die Substanz der historischen Stätte *Troia* gesichert. So wurde ein Dach über dem freigelegten Kern des Burghügels errichtet, um die große *Troia*-VI/VIIa-Mauer vor weiterer Zerstörung zu schützen. Darüber hinaus wurde die Landschaft um *Troia* zum Nationalpark erklärt. Für die Rettung der Landschaft vor Bauspekulanten und der Tourismusindustrie hatten sich Medien, Umweltverbände und eine Unterschriftenkampagne eingesetzt. Ihr Erfolg gründete sich jedoch vor allem auf Korfmanns nicht nachlassendem Engagement – ihm wurden Kontakte zu den höchsten Kreisen der Türkei nachgesagt.

Doch wie ging Korfmann mit der harten Kritik vieler Archäologen und Historiker an seiner Arbeit um? Gegenüber den Medien zitierte er gern das türkische Sprichwort: »Bäume, die Früchte tragen, werden eben mit Steinen beworfen.«

Konnte er die Angelegenheit tatsächlich so leicht abtun?

Unverdrossen arbeitete er weiter: im Sommer in *Troia* und den Rest des Jahres als Professor an der Universität Tübingen. Außerdem kümmerte er sich darum, dass der Nationalpark Troas endlich Formen annahm und der Anfang für ein Museum vor Ort gemacht wurde. Gleichzeitig erkrankte er jedoch schwer, weihte aber nur seine engsten Mitarbeiter in diese Tatsache ein.

Völlig überraschend für viele Anhänger starb er im August 2005.

Bis kurz vor seinem Tod arbeitete er weiter und sorgte dafür, dass sein *Troia*-Projekt fortlaufen konnte. Die Grabungsleitung wurde zur nächsten Sommerkampagne an Korfmanns Kollegen und Freund Ernst Pernicka übergeben, einen angesehenen Experten für antike Metallfunde. Gleich im Sommer 2006 konnte das *Troia*-Team einen Teil des spätbronzezeitlichen Verteidigungsgrabens auch im Ostbereich der Unterstadt freilegen.

Während der *Troia*-Streit in den Medien breit ausgeschlachtet worden war, wurde es um die Berichterstattung über die Ausgrabungen in den folgenden Jahren ruhiger. Das heißt aber nicht, dass dort nichts passierte. Bis ins Jahr 2012 hinein fanden dort jeden Sommer weitere Grabungskampagnen statt, und ab 2013 wird unter türkischer Leitung weiter geschützt und geforscht.

Pernicka ließ insbesondere die Arbeiten an der Unterstadt fortführen. Dabei wurden nordwestlich des Burgbergs zwischen den Fundamenten des griechisch-römischen Tempelbezirks auf einem größeren Areal die Fundamente dicht an dicht gebauter Steinhäuser entdeckt. Außerdem wurde der Verlauf der Verteidigungsanlage durch Grabungen weiter verfolgt. An zwei Stellen ist der Graben unterbrochen – hier befanden sich einst das Süd- und das Südosttor der Unterstadt. Nur dort, wo früher ihr nordöstlicher Bereich lag, verhindert der heutige Parkplatz Grabungen. An dieser Stelle haben sich die Archäologen mit einzelnen Bohrungen beholfen.

Das Fazit: Heute ist die Unterstadt gut bekannt, und ihre Größe kann nicht mehr bezweifelt werden.

Auch in diesem Punkt hatte Korfmann recht: Es gab eine befestigte Unterstadt. Aber ist deshalb das spätbronzezeitliche *Troia* identisch mit Homers Troja?

Fassen wir noch einmal zusammen:

1. Wir können nicht wissen, ob *Troia*/Hisarlik der Ort ist, an dem der berühmte Trojanische Krieg stattfand. Wir wissen ja nicht einmal, ob es den Trojanischen Krieg überhaupt gab. Es ist sogar sehr unwahrscheinlich, dass sich die *Ilias* auf ein einzelnes, tatsächlich stattgefundenes Ereignis bezieht.
2. *Troia*/Hisarlik ist jedoch mit Sicherheit der Ort, an dem seit der Antike Troja vermutet wird! Herrscher wie Alexander opferten hier der Athene und ließen ihren Helden und Göttern Denkmale und Tempel errichten. Außerdem ist es mehr als wahrscheinlich, dass Homer diesen Ort vor Augen hatte, als er die lange überlieferten Gesänge in eine neue Fassung brachte und als gewaltiges Epos schriftlich fixierte.
3. Ist das spätbronzezeitliche *Troia* VI/VIIa das Troja Homers? Diese Frage stellt sich eigentlich gar nicht, denn die Geschichte vom Trojanischen Krieg ist weder reine Realität noch reine Fantasie. Der Dichter hat die Ereignisse und Erfahrungen verschiedener Epochen zu einer Geschichte verdichtet.

Das ultimative Troja-*Troia*-Truva-Hisarlik-Blog

Teil IV

Eine ganz seltsame Friedlichkeit

herrscht an diesem Ort

An der Dardanellen-Meerenge im Spätsommer

Mit der Historikerin, meinem älteren Kollegen Herrmann und dem Philosophen saß ich beim Frühstück, als mich Herrmann mit einem Vorschlag überraschte.
»Uns ist es hier zu heiß geworden …«
»… und zwar in jeder Hinsicht!«, ergänzte der Philosoph. »Und deshalb wollen wir an die Meerenge umziehen …«
»… da gibt es ein traumhaftes Hotel mit Klimaanlagen, einer Badestelle und einer Teakholz-Bar. Komm doch mit«, lud mich die Historikerin ein.
Ich war hin- und hergerissen. Würde ich hier etwas verpassen? Andererseits konnte auch ich eine Erfrischung gut gebrauchen, und es zogen ja genau die Leute um, die mich bisher so gut eingeweiht hatten. Ich zählte mein Geld durch und sagte: »Okay!«
Danach konnte ich gerade noch meine Sachen in meinen Koffer packen und meinen Kollegen, mit dem ich hergereist war, von meinem Umzug unterrichten und besprechen, wann und wo wir uns wiedertreffen würden.
Als ich zur Rezeption eilte, winkte mir mein Kollege Herrmann zu: »*Jawasch*! *Jawasch*! Wir können mit einem Dolmuş fahren.«

Draußen stand ein mindestens 20 Jahre alter blauer Ford Transit mit laufendem Motor. Hinter der mehrfach gesplitterten Windschutzscheibe winkte uns der Fahrer zu: »*Jawasch! Jawasch!*«, was je nach Situation heißen kann: »Beeilt euch!«, oder genau das Gegenteil: »Ruhig Blut!«

Auf kleinen Seitenstraßen ging es kreuz und quer durch die Troas: Halileli, Kumkale, Tevfikiye, Çiplak – kein Dorf wurde ausgelassen.

Näherten wir uns einer Siedlung, hupte der Fahrer laut. Die Leute kamen aus den Häusern, manche stiegen zu, andere gaben nur Gepäck auf oder holten etwas ab. So füllte sich der Wagen innerhalb der nächsten halben Stunde. Auf dem Dachgepäckträger stapelten sich Kisten, Koffer und Plastiksäcke. Auf meiner Bank quetschte sich schließlich die vierte Person dazu, und kurz vor der Abfahrt wurde noch eine ältere Frau »hineingeschoben«. Sie hockte im Zwischenraum, und erst als ich mich seitlich zum Fenster hindrehte, bekam sie Kontakt mit der Sitzfläche.

»Dolmuş« heißt nämlich nichts anderes als »voll«. Und das kann man im türkischen Hinterland wörtlich nehmen. Diese Kleinbusse und großen privaten Überlandbusse ersetzen hier den öffentlichen Nahverkehr. Egal wo du bist, du stellst dich einfach an den Rand der nächsten Straße und wartest. Selten dauert es länger als ein paar Minuten, denn fast alle Busse halten fast überall, um Reisende mitzunehmen, auch wenn sie nur ins nächste Dorf wollen. Meine Mitreisenden beobachteten mich neugierig, aber freundlich zurückhaltend. Ihre gegerbten Gesichter ließen auf harte Arbeit und raues Klima schließen.

Schließlich trat der Fahrer das Gaspedal ganz durch. Boden und Wände des Wagens begannen fürchterlich zu rappeln, aber wir benötigten den Anlauf, um den vor uns liegenden Bergkamm, einen Ausläufer des Idagebirges, hinaufzukommen. Von hier hatte man einen unbeschreiblichen Ausblick auf die Troas und die Meerenge: Die Troas selbst gleicht tatsächlich einer Postkartenlandschaft mit sanften Hügeln, Olivenhainen, Baumwoll- und Weizenfeldern, die vom Blau des Meeres eingefasst werden.

Am Stadtrand von Çanakkale parkte unser Wagen schließlich in einer langen Reihe von anderen Kleinbussen. Wir liefen die Hauptstraße entlang Richtung Meerenge und Fähranleger. Dabei kamen wir an einem großen hölzernen Pferd vorbei, das ich bei meiner ersten Fahrt durch Çanakkale – eine Woche soll das erst her sein? – glatt übersehen hatte. Aber es interessierte mich jetzt eigentlich nicht mehr sonderlich.
»Das ist übrigens das Pferd aus dem Troja-Film von Petersen«, erklärte die Historikerin.
Daraufhin sah ich es mir doch näher an und schoss ein, zwei Fotos – für alle Fälle.
»Warum steht es denn hier?«, fragte ich.
»Die Provinzregierung von Çanakkale hatte den Filmleuten angeboten, die Außenaufnahmen direkt in der Troas zu drehen, doch Petersen lehnte ab. Angeblich gab es Probleme mit der Logistik.«
»Vielleicht war es ihnen auf der Troas aber auch zu kleinkariert. Hier gibt es nicht solche endlosen Ebenen wie in Marokko oder in Mexiko.«

»Dabei macht das ja den Reiz der Troas aus!«, mischte sich jetzt auch der Philosoph ein. »Diese ganz spezielle Mischung aus Feldern, unzähligen Hügeln und dem weithin sichtbaren Meer!«

»Die echte Troas wollten die Filmleute eben nicht«, bestätigte noch einmal Herrmann. »Aber sie hatten einen kleinen Trost für die Türkei: das, ich glaube, 12 Meter hohe hölzerne Pferd der Dreharbeiten. Dumm nur: Genau so eins steht ja schon auf dem Grabungsgelände. Noch dazu ein sehr stabiles, denn seit rund 50 Jahren klettern die Touristen auf ihm herum! Aber wie heißt es doch so schön: ›Einem geschenkten Gaul schaut man nicht ins Maul!‹ Und so wurde es eben hier aufgestellt.«

»Ach, dieser schreckliche Film!«, stöhnte die Historikerin. »Vermutlich hat er mehr Einfluss auf das Troja-Bild unserer Zeit als die ganze Forschung.«

»Ja«, antwortete der Philosoph, »das ist eben unsere Multimedia-Welt! Unsere Geschichten nähern sich den alten Mythen wieder an. Sie werden nicht mehr schriftlich erzählt, sondern mündlich oder bildlich – je multimedialer, desto besser.«

Wir nahmen uns schließlich ein Taxi zum Tusan-Hotel.

Und: Wow! Meine Begleiter hatten wirklich nicht zu viel versprochen. Das Hotel liegt mitten in einem kleinen Nadelwald direkt an der Meerenge. Es gibt einen kleinen Sandstrand mit Badesteg, aber auch einen Pool an der Terrasse und überall schattige Plätze.

Es heißt in der *Ilias* ja immer wieder das »umwindete Ilion«, doch von Wind habe ich in der vergangenen Woche nichts gemerkt. Hier herrscht dagegen die ganze Zeit eine leichte kühlende Brise. Außerdem verfügt mein Zimmer über eine Klimaanlage. Ich muss das Gesicht nicht mehr gegen das Fliegengitter drücken, um etwas Luft zu bekommen. Und von der Terrasse des Hotel-Restaurants hat man einen umwerfenden Blick auf die Meerenge. Herrmann hat hier bei der ersten Pressefahrt zur Ausgrabung 1990 gewohnt, nein, residiert muss man sagen, denn hier wohnen eigentlich immer nur die Promis, die *Troia* besuchen: wichtige Regierungsvertreter, Kulturmenschen wie Schauspieler und Gelehrte mit internationalem Ruf. Na ja, zwei Nächte kann auch ich mir das leisten.

Nach einer wohltuenden Mittagsruhe trafen wir uns ohne Absprache an dem kleinen Sandstrand. Ich stürmte in Badehose sofort Richtung Wasser, wurde aber von den anderen gewarnt: »Bleib am Rand – die Meerenge hat es in sich. Immer wieder werden Menschen in die Tiefe gerissen.«

»Ja, ich weiß: die Strömung. Wie bei uns am Rhein.«

»Nicht nur die Strömung, denn nur an der Oberfläche bewegen sich die Wassermassen aus dem Schwarzen Meer ins Mittelmeer, in der Tiefe jedoch herrscht die entgegengesetzte Richtung vor. So entstehen an vielen Stellen gefährliche Strudel.«

»Das ist immerhin die Meerenge, die Europa und Asien trennt!«

Also planschte ich nur etwas herum, erfrischt hat es trotzdem.

Und als ich zu den anderen zurückkam, lagen die ganz entspannt auf ihren Badetüchern und – welch Wunder – redeten einmal nicht über *Troia* und Troja, sondern über die beginnende Fußballbundesliga-Saison. Aber wie sollte es anders sein: Zwischen den Fans von Schwarz-Gelb und Rot-Weiß gab es erhebliche Meinungsunterschiede, wer in der nächsten Saison an die Spitze ziehen würde.

Abends aßen wir draußen auf der Hotelterrasse, und die leichte Meeresbrise sorgte dafür, dass uns sogar die Mücken beinahe in Ruhe ließen. Wir bestellten Fisch und Fleisch – beides wurde auf dem Grill in Sichtweite zubereitet und mit Unmengen an Beilagen serviert.

Ich ließ das Gespräch an mir vorbeirauschen und mischte mich erst mit einem starken Mokka in der Hand wieder ein. »Wenn ich die *Ilias* richtig verstehe,« begann ich, »hätte Zeus als Einziger die Macht gehabt, eine Seite gewinnen zu lassen, aber er hat sich für keine Seite entscheiden können – was hat am Ende den Ausschlag gegeben?«

»Wenn wir den Hinweisen in der *Ilias* Glauben schenken sollen«, antwortete der Philosoph, »dann wurde der Untergang Trojas durch einen Kuhhandel zwischen den beiden mächtigsten Göttern beschlossen, zwischen Zeus und Hera.«

»Ja«, sagte die Historikerin, »so steht es im vierten Gesang nach dem Zweikampf zwischen Menelaos und Paris. Paris war geflohen, die Götter hätten nun Menelaos zum Sieger erklären können. Er hätte Helena zurückbekommen und noch einen Schatz als Entschädigung, die Griechen wären voller Genugtuung abgesegelt, und Troja wäre gerettet gewesen, aber Hera wollte das ganz und gar nicht: ›Jetzt habe ich mich so angestrengt, um Troja den Untergang zu bringen‹, worauf der wankelmütige Zeus antwortete: ›Wenn ich dir Troja überlasse, dann darfst du mich nicht daran hindern, wenn ich meine Hand nach einer deiner Schutzstädte ausstrecke.‹ Und Hera erwiderte: ›Du kannst sogar meine drei Lieblingsstädte – dazu gehörte auch Mykene – haben.‹«

»›Tit for tat‹, sagen die Engländer dazu«, kommentierte Herrmann, und der Philosoph ergänzte: »Und so wird noch heute große Politik gemacht: ›Lass mir mein Tempolimit, dann lasse ich dir deine erneuerbaren Energien.‹«

»Ja, und bei der UNO heißt es: ›Wenn du die Menschenrechte in dem Land anprangerst, was ich unterstütze, dann starte ich eine Resolution gegen deinen Zögling‹«, ergänzte die Historikerin.

Nun musste ich nicht nur meinen Grillteller verdauen …

Etwas später unternahm ich mit dem Philosophen einen kleinen Abendspaziergang. Die Hotellichter verschwanden hinter den Bäumen, und der gewaltige Sternenhimmel ließ uns einen Moment lang verstummen. Das war der richtige Moment für eine letzte Schlussfolgerung, und so fragte ich meinen Begleiter, ob ich ihn noch einmal mit meinen *Ilias*-Fragen nerven dürfte.

Ich durfte.

»Warum ein Kuhhandel? Was hat das zu bedeuten?«

»Wenn du willst, kannst du stattdessen auch Zufall, Chaos sagen.«

»Aber was sagt uns der Zufall?«

»Zufall – das Wort sagt es ja schon: Zufall ist das, was uns zufällt. Zufälle gab es in der Antike ständig. Unser Schiff wird durch einen plötzlichen Sturm abgetrieben. Bei Wanderungen entlang der Grenze unseres Gebietes stoßen wir zufällig auf eine andere Grenztruppe, und etliche Männer lassen ihr Leben. Nur die Griechen glaubten an keinen Zufall. Da die Griechen glaubten, die Götter seien für alles verantwortlich, konnten sie nur schlussfolgern: Unsere Götter sind sehr wankelmütig!

Und so steht Zeus' Nachgeben für das zufällige Schicksal, das heute so und morgen anders entscheidet!« Er schaute mich an.

»Und ehrlich gesagt: Wir sind heute auch nicht viel weiter. Nach 2500 Jahren Kultur und Wissenschaften stehen wir noch immer vor der Frage: Herrscht in der Welt Ordnung oder Chaos? Die Naturwissenschaften haben uns lange eingeredet, alles sei ein genau berechenbarer Prozess, alles Ursache und Wirkung, doch dann kam die Chaos-Theorie. Du brauchst bloß ein Pendel mit einer Eisenkugel zwischen zwei Magneten schwingen zu lassen, um zu sehen: Das Pendel bewegt sich, als hätte es zwei Flaschen Wodka geleert. Und der Blick in die Zeitung zeigt: Ein Packen fauler Hauskredite in den USA kann die internationale Wirtschafts- und Finanzwelt an den Rand des Ruins treiben. Kleinste Ursachen können unabsehbare Folgen haben. So war es schon in der Antike, und die Griechen zogen daraus den Schluss: Wir sind großen Mächten ausgeliefert.«

Wir gingen hinunter zum Ufer und blickten in die sanfte Strömung.

Der Philosoph fuhr fort: »Aber die Griechen träumten genauso wie wir davon, dass es Helden gibt, die diesen Mächten trotzen können. Menschen aus ihrer Mitte, denen das Schicksal eine große Kraft, Unsterblichkeit, Genialität oder Ähnliches verliehen hatte. Helden eben! Nach ihnen sehnen wir uns noch heute. Das zu

Recht, denn Helden stehen ja nicht nur für Kämpfen und Krieg, sondern auch für Stolz, Tapferkeit, Ehre und Zorn. Ohne diese Werte verweichlicht die Gesellschaft. Die Menschen wollen nur noch konsumieren: Essen und Trinken, Autos und Reisen, Unterhaltung, Drogen und Sex – und wieder Essen und Trinken … Nur wer Stolz und Ehre hat, kann auch Nein sagen. Nur der kann auch entsagen für ein höheres Ziel und entschlossen dafür kämpfen.«

Am nächsten Morgen unternahm ich mit Herrmann einen Spaziergang entlang der Küstenstraße.

Das Tusan-Hotel liegt etwas abseits der kleinen Ortschaft Güzelyali, was übersetzt so viel bedeutet wie »schönes Sommerhäuschen«, aber eigentlich müsste es heißen »Sommerhäuschen ohne Strand«. Das Landschaftsschutzgesetz schreibt zwar vor, einen 100 Meter breiten Küstenstreifen unbebaut zu lassen, hier aber stehen die Häuser dicht gedrängt bis auf zwei, drei Meter zur Wasserlinie.

»In der Türkei gilt das Gewohnheitsrecht«, erklärte Herrmann. »Der Erste erhält eine Ausnahmegenehmigung und baut sein Haus an der bis dahin freien Küste. Später ziehen andere nach mit der Begründung: ›Hier stehen ja schon Häuser.‹ Und ich sage dir eins: So würde die ganze Küste der Troas sicherlich heute schon aussehen, wenn der Nationalpark nicht gekommen wäre.«

Auf dem weiteren Spaziergang sahen wir, was die Spekulanten in der kurzen Zeit zwischen dem Untergang des Ostblocks und der Erklärung zum Nationalpark angerichtet hatten: Wie die Spur einer gefräßigen Raupe zieht sich dort eine Trasse durch den ansonsten unberührten Küstenstreifen, schneidet Hänge an und planiert Täler ein: die neue Küstenstraße.

Da ich mit Herrmann allein war, nutzte ich die Gelegenheit für eine wichtige Frage: »Was soll ich meinen Lesern schreiben? Gab es denn nun einen Trojanischen Krieg, und fand er dort am Hisarlik-Hügel statt?«

»Die Antwort lautet …«, sagte Herrmann und machte eine unnötig lange Pause, »ja oder nein, vielleicht, auf keinen Fall!«

Ich schaute ihn verdutzt an.

»Die Antwort muss sich jeder selbst geben.«

»Aber du selbst – was denkst du?«

»Ich stelle mir diese Frage gar nicht mehr, sie ist unwichtig, weil wir nie eine zuverlässige Antwort darauf finden werden. Aber fest steht Folgendes: Zum einen haben wir einen wirkungsmächtigen Mythos, das älteste Epos des Abendlandes. Und

zum anderen haben wir einen Ort, der ständig umkämpft war. Einen Ort, an dem die griechischen und trojanischen Helden und ihre Götter seit mehr als 2500 Jahren verehrt werden. So! Aus diesen Fakten muss jeder seinen eigenen Schluss ziehen.«
»Und deine Schlussfolgerung?«
»Ich denke ja, es gab Troja. Aber das meine ich anders, als es sich anhört. Die richtige Forschung fragt ja nicht, was wirklich war, sondern, was den Gang der Weltgeschichte beeinflusste. Der Kampf um Troja hat unsere Geschichte beeinflusst wie kaum ein anderes Ereignis, also muss er stattgefunden haben. Auf die eine oder andere Art.«
»Hm!?«

Am Nachmittag machten wir uns zu viert auf den Weg zum Ausgang der Meerenge. Anfangs eilte ich den anderen etwas voraus, um einige Fotos von wild gebauten Strandhäusern und unberührten Stellen der Meerenge zu machen. Als mich die anderen einholten, rechnete mein Kollege Herrmann gerade mit uns – den Journalisten – ab.
»Ich weiß, dass wir Journalisten das immer hören wollen: Hier hat der Trojanische Krieg genau in den Jahren 1238 bis 1228 vor Christus stattgefunden, und da liegen Achill und da Hektor begraben ... Aber wenn die Wissenschaften das tatsächlich eines Tages sagen würden, was hätten wir wirklich damit gewonnen? Wir würden

einmal mit dicken Überschriften darüber berichten und das nächste Mal zu einer anderen Stätte reisen. Viele Leute würden weiter hierherkommen, aber nur um ein paar Fotos zu schießen und die ganze Angelegenheit zu vergessen.«

»Das ist genau der Punkt!«, schloss sich die Historikerin an. »Wenn wir über den Trojanischen Krieg, die *Ilias*, die Ausgrabungsergebnisse nicht mehr so streiten würden, dann wäre *Troia* nach einem halben Jahr vermutlich so unbedeutend wie all die anderen Ausgrabungsstätten. Die besucht man, weil man gerade dort in der Gegend Urlaub macht, und zu Hause kann man sich gerade noch an den Namen erinnern.«

»Genau!«, pflichtete der Philosoph bei. »Unvergesslich bleibt Troja nur als Rätsel, als Gegenstand der Debatten und …«, er stockte einen Moment, »und als Geschichte, die ständig neu erzählt werden muss. Der Troja-Film von Petersen hat mir überhaupt nicht gefallen, aber er hat die Geschichte neu erzählt. Millionen Menschen sahen den Film, und nicht wenige haben begonnen, sich mit dem Thema zu beschäftigen … Gute Mythen leben länger – sag ich immer! Egal, ob man die *Ilias* jetzt als Kriegsfibel, als Dokument der Sinnlosigkeit des Krieges sieht, als Gesang auf den Untergang des alten Kriegsadels oder als Dokument der gemeinsamen Wurzeln von Europa und Asien – gute Mythen sind immer noch etwas mehr, weil sie an unserer Existenz rühren. Achill ist so weit von uns entfernt und außerdem ein Halbgott, trotzdem ist er uns in seiner Verletzbarkeit, in seinem Zorn, in seinem Ausgeliefertsein ganz nah. Die *Ilias* ist wie jeder gute Mythos – sie funktioniert wie eine Art Spiegel. Welche Antwort wir bekommen, hängt ganz von unserem eigenen Reifegrad ab.«

Nach einer zweistündigen Wanderung erreichten wir unser Ziel: den Hafen von Kumkale. Er besteht im Wesentlichen aus einer aus grobem Gestein aufgeschütteten Kaimauer, hinter der wenige Fischerboote vor Anker liegen. Ein Fischer trocknete seine Netze auf dem langen Geschützrohr einer Gefechtsstellung aus dem Ersten Weltkrieg.

Wir erklommen einen Grabhügel, der der Karte nach der In-Tepe sein musste. Von dort eröffnete sich uns ein herrlicher Blick: Das Meer funkelte wie Tausende von Spiegelscherben in der Sonne, und der Wind pfiff uns um die Ohren. Ich war überwältigt und zugleich völlig unsicher, was ich eigentlich schreiben sollte.

»Ist die *Ilias* denn nun ein Epos der Gewalt, oder macht die Beschäftigung mit ihr die Welt friedlicher?«

»Nach 3000 Jahren können wir heute die Botschaft erkennen«, antwortete als Erste die Historikerin. »Der Trojanische Krieg steht für die Sinnlosigkeit aller Kriege.«

»Tatsächlich? Aber wenn die *Ilias* ein Gleichnis von der Sinnlosigkeit des Krieges ist, warum war dann dieser Mythos bei den Kriegern der vergangenen 3000 Jahre so beliebt? Mit der *Ilias* in der Hand zogen viele Gelehrte als Soldaten in den Ersten Weltkrieg.« Der Philosoph zeigte auf das andere Ufer der Meerenge. »Seht ihr das große Gallipoli-Denkmal?«

Ja, ganz deutlich sah man direkt am Kap gelegen das große Ehrenmal in Form eines rechteckigen Triumphbogens.

»Es erinnert an die vielen Toten der Dardanellen-Schlacht im Ersten Weltkrieg«, erklärte uns die Historikerin, worauf der Philosoph konterte: »... oder eher an den ruhmreichen Ausgang für die Türken, damals noch Osmanen. Übrigens die einzige große Schlacht, die sie in diesem Krieg gewannen. Das Kommando führte neben dem deutschen General Sanders der Türke Mustafa Kemal. Hier begann der Ruhm des Mannes, der als Atatürk die Türken zu einer Nation zusammenschweißen sollte. Auch hier gilt der alte griechische Spruch: ›Der Krieg ist der Vater aller Dinge.‹«

»Und nicht zu vergessen: der Ursprung der meisten vermeidbaren menschlichen Leiden«, erwiderte die Historikerin.

Wir suchten uns hinter dem Geschütz eine windstille Ecke.

»Für uns heute ist Krieg nur noch schlecht«, setzte Herrmann die Debatte fort. »Aber wir müssen uns doch fragen: War Krieg immer schlecht? Wie konnte es sein, dass er fast 4000 Jahre lang so verherrlicht wurde?«

Der Philosoph antwortete: »So verrückt das vielleicht klingen mag, Handel und Krieg haben der Menschheit den Fortschritt gebracht. Handel, aber vor allem kriegerische Konflikte zwischen den einzelnen Gruppen führten dazu, dass Ideen wie die Landwirtschaft, die Metallverarbeitung, aber auch kostbare Metalle untereinander ausgetauscht wurden. Und gerade die häufigen Kriege führten dazu, dass einzelne Menschen lernten, sich für die Gruppe einzusetzen oder gar zu opfern. Selbstlosigkeit oder Altruismus hieß am Anfang, das eigene Leben im Kampf für die Gruppe zu riskieren. Und die Gruppen, die dies am besten umsetzten, verfügten über die größten Ressourcen.«

Und Herrmann fügte hinzu: »Außerdem, wenn es zu lange friedfertig ist, dann stauen sich in den Menschen die Energien, und sie suchen nach neuen Feldern, auf denen sie sich messen, streiten oder bekriegen können.«

»Ja«, konterte die Historikerin, »aber das kann man doch auch friedlich. Haben die Olympischen Spiele nicht genau in der Zeit Homers ihren Ursprung?«

»Genau«, antwortete der Philosoph, »aber mit Fairness hat das doch nichts zu tun. Von Anfang an wird getäuscht, getrickst. Dagegen ist das Trojanische Pferd ja ein Waisenknabe.«

Wollten da schon wieder ein Achill und ein Patroklos auf eine Penthesilea losgehen? Ich starte ein Ablenkmanöver, eine Frage, die mir schon seit zwei Tagen auf den Nägeln brannte. »Ehrlich gesagt verstehe ich nicht, warum Sie die Tagung vorzeitig verlassen haben. Erwarten Sie denn keine Ergebnisse?«

Die Gelehrten sahen sich an, und der Philosoph ergriff das Wort: »Genau genommen ist das richtig. Ergebnisse erwarten wir eigentlich nicht! Jedenfalls keine inhaltlichen.«

»Kommt denn dann überhaupt bei solchen Konferenzen etwas heraus?«

»Natürlich! Man lernt sich kennen und erfährt immer etwas Neues. Zwar können sich die Streithähne in vielen Punkten nicht einigen, aber sie werden zum Ende hin immer ruhiger.«

»Ja, das liegt an diesem Ort hier«, sagte Herrmann. »Ist das nicht komisch: Die Troas, der Schauplatz von Hunderten von Schlachten, beruhigt die Menschen. Götter und Menschen haben sich ausgetobt und kommen hier zur Ruhe.«

»Bis zum nächsten Exzess«, ergänzte der Philosoph, »denn wenn sie nach Hause kommen, dann dauert es nicht lange, und sie fangen wieder an zu streiten. So wie der Rest der Menschheit. Alle möchten friedlich leben, wenn da nicht der dusselige Nachbar, der unverschämte Chef oder die dumme Regierung wäre.«

»Nimmt das denn nie ein Ende?«

»Einer, der sein ganzes langes Leben intensiv darüber nachgedacht hat, war der Philosoph Immanuel Kant. Und der urteilte schließlich: Der Mensch möchte Eintracht, doch die Natur weiß es besser und sät Zwietracht.«

Ich schaute die Historikerin an, die nur mit den Achseln zuckte. »Das Verrückte an den meisten Menschen ist, dass sie erst in den großen Krisen ihre besten Fähigkeiten entwickeln, dann überwinden sie ihren Egoismus und setzen sich für die Gemeinschaft ein.«

»Aber sind die Krisen seit dem Trojanischen Krieg nicht immer größer, immer bedrohlicher geworden? Werden sie bald nicht zu groß sein, um sie mit wie viel Heldentum auch immer lösen zu können?«

»Ja, das ist die Frage aller Fragen«, fasste Herrmann zusammen. »Wie viele Kriege und Krisen können wir uns noch leisten, bis wir endlich einmal einen dauerhaften Trojanischen Frieden akzeptieren oder ...«

Er sprach nicht weiter, das war auch gar nicht nötig, denn in diesem Moment sank die Sonne wie ein brennender Goldball langsam ins Meer, und wir schwiegen, denn es war alles gesagt.

Die ganze Meerenge glitzerte für wenige Momente silbern.

Ich bin mir ganz sicher: In diesem Moment wollten wir alle, dass von der Troas – dem ältesten uns bekannten Schlachtort des Abendlandes – ein nicht übersehbares Zeichen des Friedens ausgehen würde.

Dann verfärbte sich die ganze Wasseroberfläche – erst goldenrot, dann orangerot und dann – meine ich – blutrot.

2. HÄLFTE 8. JH. V. CHR.
BRONZE

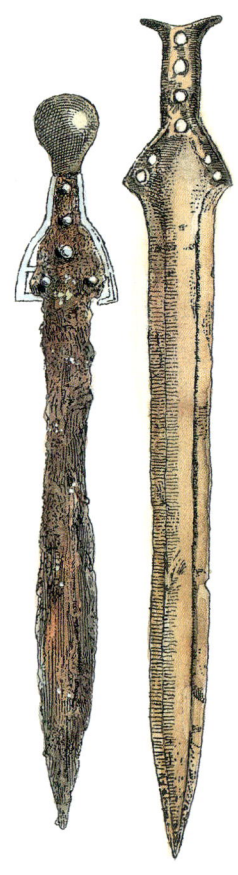

Literatur- und Leseempfehlungen

Wer Lust hat, kann sich jetzt die *Ilias* selbst vornehmen.
Leichter zu lesen ist die Übertragung von Wolfgang Schadewaldt:
Homer, *Ilias*. Insel Verlag, Frankfurt am Main 1975.

Enger am Original, der Hexameter-Fassung, ist die alte Übertragung
von Johann Heinrich Voß:
Homer, *Ilias*. dtv, München 1979.

Den besten Überblick über die vielfältige *Troia*-Forschung gibt noch
immer der Begleitband zur Ausstellung »Troia. Traum und Wirklichkeit«:
Troia. Traum und Wirklichkeit. Konrad Theiss Verlag, Stuttgart 2001.

Die Forschung zur frühgriechischen Kultur im Ägäisraum behandelt
folgender Ausstellungskatalog:
Zeit der Helden. Die »dunklen Jahrhunderte« Griechenlands 1200–700 v. Chr.
Primus Verlag, Darmstadt 2008.

Was die Wissenschaftler inzwischen über die vielen Siedlungsschichten
der Stadt *Troia*/Hisarlik herausgefunden haben, zeigen Birgit Brandau,
Hartmut Schickert und Peter Jablonka in folgendem Buch:
Troia – Wie es wirklich aussah. Piper Verlag, München 2004.

Wer mehr über Homer wissen will, dem sei folgendes Buch empfohlen:
Joachim Latacz, *Troia und Homer. Der Weg zur Lösung eines alten Rätsels*.
Koehler & Amelang, Leipzig 2010.

Aktuelles über die Ausgrabungen vor Ort findet man hier:
http://www.uni-tuebingen.de/troia/deu/index.html

Originalausgabe

Copyright © 2013 by Bastei Lübbe GmbH & Co. KG, Köln

Textredaktion: Dr. Birgit Wüller, Stuttgart
Illustrationen: Klaus Ensikat
Gesamtgestaltung und Satz: JahnDesign Thomas Jahn, Erpel/Rhein
Gesetzt aus der Officina Sans ITC, der Officina Serif ITC und der Dax Condensed
Druck und Einband: Himmer AG, Augsburg

Printed in Germany
ISBN 978-3-414-82340-3

5   4   3   2   1

Sie finden uns im Internet unter: www.boje-verlag.de

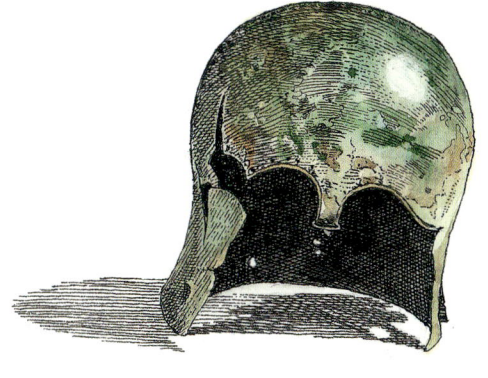